WORKBOOK

WRITING AND READING ACTIVITIES

¡BRAVO! 3

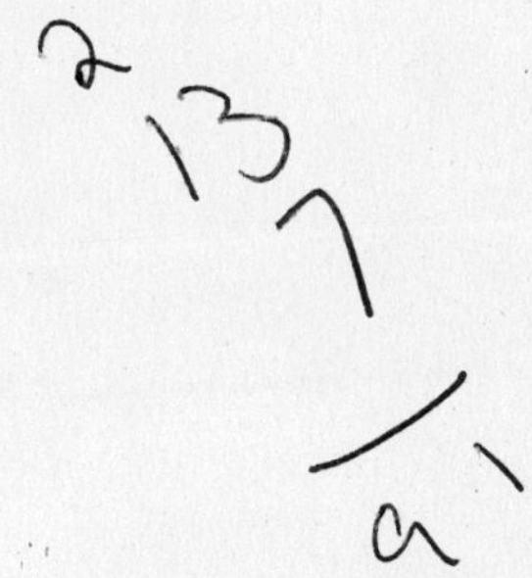

WORKBOOK

WRITING AND READING ACTIVITIES

¡BRAVO! 3

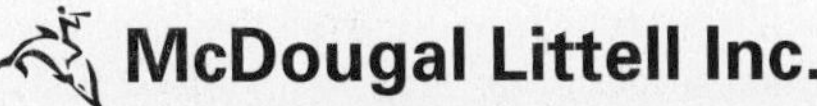

McDougal Littell Inc.

A Houghton Mifflin Company

Evanston, Illinois Boston Dallas Phoenix

Workbook to accompany

¡Bravo! 3

ISBN 0-395-42137-3

Printed in the United States of America

5 6 7 8 9 10 —POO—99

Illustrations were by Wayne Clark, Eldon Doty, Rick Hackney, and Lori Heckelman.

Grateful acknowledgment is made for use of the following material:

Photographs
Page 119 (top) ©H. Gans/The Image Works; *(bottom)* ©Peter Menzel/Stock, Boston; *129* ©UPI/Bettemann; *160 (top left)* ©Peter Menzel/Stock, Boston; *(bottom left)* ©Sharon Guynup/The Image Works; *(right)* ©David Bartruff/FPG International; *224* ©AP/Wide World Photo; *265* ©M.C. Escher/Cordon Art-Baarn-Holland.

Realia
Page 68 (left and right) Pronto, #1130, January 1, 1994, p. 64 (Editora Publicaciones Heres, S.A.); *132* Vanidades No. 14, Editorial América S.A., 1992, p. 41.

Readings
Pages 55–57 Adaptation of "Sueños de metal" by Isabel María Martos, from *Locos por el teatro,* edited by Virginia Guarinos. Reprinted by permission of the Publications Secretariat, University of Seville; *84* "El Cautivo" by Jorge Luis Borges. Copyright © 1989 by Maria Kodama. Reprinted with the permission of Wylie, Aitken & Stone, Inc.; *95* "Oda al tomate," from *Odas elementales* by Pablo Neruda. Copyright © 1954 by Pablo Neruda and Fundacion Pablo Neruda. Reprinted by permission of Agencia Literaria Carmen Balcells S.A., Barcelona; *97* "¿Dónde jugarían los niños?" by Jose Fernando Olvera and Alejandro Trujillo. Copyright © 1992 by Editora De Musica WEA, S.A. (SACM). All Rights o/b/o Editora De Musica WEA, S.A. (SACM) for the U.S.A. administered by Warner-Tamerlane Publishing Corp. (BMI). All rights reserved. Used by permission of Warner Bros. Publications U.S. Inc., Miami, FL 33014; *113–114* Excerpt from *La casa de los espiritus* by Isabel Allende. Copyright © 1982 by Isabel Allende. Reprinted by permission of Agencia Literaria Carmen Balcells S.A., Barcelona; *128* Excerpt from *Hollywood Hispanics: Los Latinos en el Mundo del Cine* by George Hadley Garcia. Copyright © 1991 by George Hadley Garcia. Published by arrangement with Carol Publishing Group; *150–151* "Todos santos, día de muertos," from *El laberinto de la soledad* by Octavio Paz. Reprinted by permission of the Fondo de Cultura Económica, Mexico City; *166–167* "Ohming Instick" by Ernesto Padilla. Reprinted by permission of the author; *224* "Vagabundos en el ático," from *La Casa en Mango Street* by Sandra Cisneros. Copyright © 1994 by Sandra Cisneros. Translation copyright © 1994 by Elena Poniatowska. Published by Vintage Books, a division of Random House, Inc., New York. Reprinted by permission of Susan Bergholz Literary Services, New York. All rights reserved; *265–266* Excerpt from *Bestiario* by Julio Cortázar. Copyright © 1951 by Julio Cortázar and Heirs of Julio Cortázar. Reprinted by permission of Agencia Literaria Carmen Balcells S.A., Barcelona.

¡BRAVO! 3
WORKBOOK

CONTENTS

Unidad 1

UNIDAD 3

UNIDAD 4

UNIDAD 5

UNIDAD 6

UNIDAD 7

Nombre ______________________ Fecha ______________________

ASÍ SOY YO

ESCRÍBELO TÚ

VOCABULARIO

ACTIVIDAD 1 Dos hermanos diferentes

▶ A veces los hermanos son muy similares en la apariencia física y en la personalidad, pero otras veces son muy diferentes. Aquí hay dos hermanos, Roberto y Humberto, que no tienen nada en común.

Paso 1. Completa estas oraciones con la palabra o expresión más apropiada de la lista. **¡Ojo!** No vas a usar todas las palabras.

aburrido/a	en buena forma	flaco/a	realista
atlético/a	enfadado/a	hablador(a)	sabelotodo
chismoso/a	entusiasmado/a	humilde	terco/a

MODELO: Roberto es *valiente*, pero Humberto es tímido.

1. Roberto es musculoso, pero Humberto es ________________.
2. Los hermanos tienen actitudes diferentes con respecto a las aventuras: Roberto siempre está ________________, mientras que Humberto siempre está un poco nervioso.
3. La novia de Roberto es muy callada, pero la novia de Humberto es una gran ________________.
4. A Roberto le encanta practicar los deportes; es muy ________________. Humberto es muy estudioso y no practica ningún deporte.
5. Roberto es una persona divertida, pero Humberto es una persona ________________.
6. Roberto es bastante ________________, pero Humberto nunca habla de los demás.
7. Roberto siempre está de buen humor, pero Humberto muchas veces está ________________.
8. Roberto es un poco estúpido, mientras que Humberto es muy inteligente; él cree que es un ________________.
9. Roberto está ________________________, pero Humberto es muy delgado y débil.
10. Roberto está muy orgulloso de sí mismo, pero Humberto es mucho más ________________.

Nombre ______________________ Fecha ______________

Paso 2. Ahora piensa en un amigo / una amiga que es muy diferente de ti y escribe cinco oraciones para describir a ustedes dos.

MODELO: Yo soy *débil*, pero mi amigo/a es muy *musculoso/a*.

1. ______________________
2. ______________________
3. ______________________
4. ______________________
5. ______________________

ACTIVIDAD 2 Los sentimientos

▶ Describe los sentimientos de varias personas en ciertas situaciones.

Paso 1. ¿Cómo están las personas en los siguientes dibujos? Descríbelas, usando todos los adjetivos que puedes.

MODELO: La mujer *está confundida y nerviosa*.

1. Las chicas ______________________________.

2. El joven ______________________________.

3. La mujer ______________________________.

4. Ellos ______________________________.

5. El hombre ______________________________.

Paso 2. Ahora describe cómo tú estás, normalmente, en las siguientes situaciones.

MODELO: Los lunes por la mañana, →
Los lunes por la mañana, *estoy cansado/a y de mal humor*.

1. Los lunes por la mañana, ______________________________.
2. Antes de dar una presentación en clase, ______________________________.
3. Cuando oigo buenas noticias, ______________________________.
4. Después de terminar la tarea, ______________________________.
5. Cuando no sé dónde estoy, ______________________________.
6. Cuando salgo con mis amigos, ______________________________.
7. Durante las vacaciones de verano, ______________________________.
8. Cuando recibo un regalo, ______________________________.
9. Cuando tengo que hacer algo desagradable, ______________________________.
10. Cuando tengo mucho que hacer, ______________________________.

Nombre ______________________ Fecha ______________

¿CUÁNTO SABES YA?

AUTOPRUEBA

ACTIVIDAD 1 La vida de Frida Kahlo

En esta «autoprueba», que aparece al principio de cada sección de gramática, vas a ver cuánto recuerdas de varios puntos gramaticales. Debes tomar esta prueba antes de hacer los otros ejercicios de la sección. Luego, después de hacerlos, puedes repetir la prueba y ¡verás cuánto has aprendido!

▶ Escribe la forma correcta del adjetivo entre paréntesis en el espacio apropiado. **¡Ojo!** Recuerda que ciertos adjetivos van antes del sustantivo, mientras que otros van después.

1. Frida Kahlo era una __________ pintora __________. (mexicano)
2. Ella superó __________ obstáculos __________ durante su vida. (mucho)
3. Viajó a __________ ciudades __________ de los Estados Unidos con su esposo Diego Rivera. (varios)
4. Algunos ______________ artistas ______________ de su época la admiraban. (muy famoso)
5. Kahlo pintó ____________________ obras ____________________. (íntimo y original)

ACTIVIDAD 2 Una fiesta para Melinda

▶ Completa este diálogo entre Ángela y Vicente, dos jóvenes venezolanos. Usa la forma apropiada del presente de **ser** o **estar**.

ÁNGELA: ¡Hola, Vicente! ¿Cómo __________ [1]?

VICENTE: Pues, la verdad es que __________ [2] un poco cansado. Pero hoy __________ [3] sábado, así que puedo descansar. No pienso hacer nada esta tarde.

ÁNGELA: ¡Qué lástima! Yo voy a dar una fiesta en mi casa esta noche.

VICENTE: Ah, ¿sí? ¿Para quién ___________ [4] la fiesta?

ÁNGELA: Para una nueva estudiante que se llama Melinda. Ella ___________ [5] una persona muy interesante. ___________ [6] uruguaya, pero sus padres originalmente ___________ [7] de Panamá. Ellos ___________ [8] aquí en Venezuela sólo por un año.

VICENTE: ¡Cuéntame más! ¿Cómo ___________ [9] esta Melinda?

ÁNGELA: Pues, ___________ [10] muy bonita, y también ___________ [11] inteligente y divertida. Siempre ___________ [12] de buen humor.

VICENTE: Y ¿a qué hora ___________ [13] la fiesta?

ÁNGELA: Empieza a las ocho, pero si tú ___________ [14] demasiado cansado...

VICENTE: ¿Quién, yo? ¡Qué va! ¡A los ocho en punto ___________ [15] en tu casa!

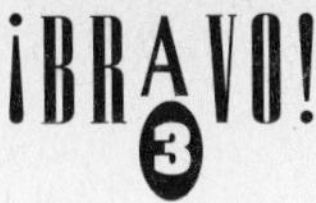

Nombre ______________________ Fecha ______________________

PRACTICA UN POCO

GRAMÁTICA

¿CÓMO ERES? (PARTE 1) Adjective–Noun Agreement

Conexión gramatical
Estudia las páginas 15–16 en **¿Por qué lo decimos así?**

EJERCICIO 1 **Las diferencias**

▶ Usa uno de los adjetivos para describir a las personas o cosas indicadas.

MODELO: El grupo Salt N'Pepa es *muy bueno.*

¿BUENO O MALO?

1. Nuestro equipo de fútbol es ____________.
2. Las pinturas de Frida Kahlo son ____________.
3. Los criminales son ____________.
4. Decir la verdad es una cosa ____________.

¿BAJO O ALTO?

5. El actor Danny DeVito es ____________.
6. Los jugadores de básquetbol son ____________.
7. Las montañas del Tíbet son ____________.
8. La Estatua de la Libertad es ____________.

¿INTERESANTE O ABURRIDO?

9. La película más popular del momento es ________________.
10. Las noticias de hoy son ________________.
11. Hoy día, el programa más popular de la televisión es ________________.
12. Los videojuegos más recientes son ________________.

¿ESPAÑOL O INGLÉS?

13. El rey Juan Carlos I es ____________.

14. La reina Elizabeth II es ____________.

15. Las princesas Elena y Cristina son ____________.

16. Los príncipes Charles y Andrew son ____________.

EJERCICIO 2 ¿Qué hay de nuevo?

▶ Es el principio del año escolar, y varios estudiantes están hablando sobre las siguientes situaciones. Escoge los tres comentarios más apropiados para cada situación e indica qué tipo de persona dice cada uno.

VOCABULARIO ÚTIL
el salón de clase móvil *mobile classroom*

modelo: El nuevo profesor de química es muy serio y tiene reputación de ser exigente. →
Una chica *optimista* dice __g__.

Comentarios

a. «Dicen que sus padres también eran muy estrictos.»
b. «Es un niño, pero querían una niña. Pesa ocho libras y se llama Kyle David.»
c. «Es un poco inconveniente, pero eso no me molesta.»
d. «No lo creo. Es un buen hombre y un buen amigo.»
e. «Pues, alguien tiene que estar allí. ¿Quién soy yo para no cooperar?»
f. «Qué bien.»
g. «Tal vez en realidad sea muy simpático.»
h. «Voy a cambiar de sección; no quiero trabajar mucho.»
i. «Yo le voy a mandar una tarjeta de felicitaciones.»
j. «Yo lo creo porque lo vi con un carro nuevo.»
k. «Yo lo dudo, pero debemos esperar los resultados de la investigación.»
l. «¡Ah, no! Yo no voy a ninguna clase fuera de la escuela.»

Tipo de persona

amable	chismoso/a	humilde	sabelotodo
bien educado/a	fiel	optimista	terco/a
callado/a	hablador(a)	realista	vago/a

El nuevo profesor de química es muy serio y tiene reputación de ser exigente.

1. Una chica ________________ dice ____.
2. Un joven ________________ dice ____.
3. Una estudiante ________________ dice ____.

La profesora de física acaba de tener un bebé.

4. Un chico ________________________ dice ____.
5. Una muchacha ________________ dice ____.
6. Una joven __________________ dice ____.

7. Un atleta ________________ dice ____.

8. Una persona ________________ dice ____.

9. Una persona ________________ dice ____.

10. Una chica ________________ dice ____.

11. Un muchacho ________________ dice ____.

12. Un estudiante ________________ dice ____.

Nombre ______________________ Fecha ______________

¿CÓMO ERES? (PARTE 2) Position of Adjectives

Conexión gramatical
Estudia la página 17 en
¿Por qué lo decimos así?

EJERCICIO 3 Tus cosas

▶ Pon la forma correcta del adjetivo más apropiado en cada espacio para describir algunas de las cosas y personas de tu mundo.

ADJETIVOS DE CANTIDAD	ADJETIVOS DESCRIPTIVOS	
algún/alguno (de)	amable	malo
cinco (de)	blanco	nuevo
dos (de)	corto	pobre
mucho (de)	difícil	trabajador
poco (de)	divertido	viejo
todo	excelente	
unos (de)	joven	
varios (de)	magnífico	

MODELO: *Todos* mis amigos son *jóvenes.*

1. ________________ mis amigos son ________________.
2. ________________ mis camisas son ________________.
3. ________________ mis cassettes son ________________.
4. ________________ mis costumbres son ________________.
5. ________________ mis fines de semana son ________________.
6. ________________ mis libros son ________________.
7. ________________ mis trabajos escritos son ________________.
8. ________________ mis vacaciones de verano son ________________.
9. ________________ mis zapatos son ________________.

EJERCICIO 4 Las sugerencias de una amiga

▶ Catalina le escribe una carta a su amiga Jazmín. Usa los adjetivos en el orden indicado para completar la carta. **¡Ojo!** Escribe los adjetivos en el espacio apropiado *y* en la forma correcta.

MODELO: Creo que ____ visita ____ va a ser una ____ visita ____ .
(visita: su / magnífico) → Creo que *su* visita va a ser una visita *magnífica*.

casas: más viejo / mucho
iglesia: colonial / primero
museo: interesante / otro
dibujos: quince mil / prehistórico
montaña: alto / esto

VOCABULARIO ÚTIL

petroglífico — *petroglyph (carving or inscription on a rock)*
teleférico — *cable car*

2 de junio

Querida Jazmín,

¡Me alegro de que ustedes piensen visitar Albuquerque! Aquí les doy algunas sugerencias sobre los lugares que pueden visitar allí. Deben ir primero a «Old Town», donde se encuentran las ____________ *casas* ____________ *de Albuquerque. Hoy día,* ____________ *casas* ____________ *viejas son tiendas de artesanías. Allí también está la* ____________ *iglesia* ____________ *de Albuquerque, San Felipe de Neri, una* ____________ *iglesia* ____________ *muy bonita.*

Cerca de «Old Town» pueden visitar un ____________ *museo* ____________*, el Museo de Albuquerque, que presenta la historia de la ciudad.* ____________ *museo* ____________ *que deben conocer es el Museo de Antropología, si les interesa saber la historia de los indígenas de la región. Luego, les aconsejo ir al Monumento Nacional de*

Petroglíficos para ver algunos de los ____________________ dibujos ____________________ en las piedras. ¡Los ____________________ dibujos ____________________ son fascinantes!

Por último, tomen el teleférico para llegar a la Cresta Sandía, una ______________ montaña ______________ que está cerca de la ciudad. Desde ______________ montaña ______________ pueden ver toda la ciudad.

¡Que disfruten de su visita! Un abrazo muy fuerte de tu amiga,

Catalina

¿CÓMO ESTÁS? ¿DE DÓNDE ERES? ¿CÓMO ERES? Using *ser* and *estar*

Conexión gramatical
Estudia las páginas 19–22 en **¿Por qué lo decimos así?**

EJERCICIO 5 Un encuentro cultural

▶ Jazmín y su esposo Teo ya han llegado a Albuquerque. Usa las formas apropiadas de **ser** y **estar** para completar esta descripción y el diálogo entre ellos.

____________[1] el trece de junio y ____________[2] las diez de la mañana. Jazmín y Teo ____________[3] en «Old Town», mirando las joyas que venden los indígenas.

JAZMÍN: ¡Qué aretes más bonitos! ¿De qué ____________[4] ?

VENDEDOR: Ésos ____________[5] de pura plata, señora, y la piedra ____________[6] turquesa.

JAZMÍN: Teo... Teo, ¿dónde ____________[7] ?

TEO: Aquí ____________.[8] ¿Qué deseas?

JAZMÍN: ¿Te gustan estos aretes?

TEO: Sí... cómpratelos si el precio ____________[9] bueno.

VENDEDOR: Perdón, pero, ¿de dónde ____________[10] ustedes? ¿____________[11] mexicanos?

TEO: No, no. Yo ____________[12] colombiano y mi esposa ____________[13] de Venezuela. ____________[14] profesores de español en Michigan. ____________[15] aquí de vacaciones. ¿Y usted ____________[16] de México?

VENDEDOR: Noooo, señor, yo ____________[17] un indio de Isleta Pueblo, que ____________[18] a unas 20 millas al sur de la ciudad. ¿____________[19] ustedes sorprendidos?

JAZMÍN: Sí, ____________[20] sorprendidos... ¡y fascinados!

Nombre ____________________ Fecha ____________________

EJERCICIO 6 ¡Saludos desde España!

▶ Usa la forma correcta de **ser** o **estar** para completar esta tarjeta postal de Gonzalo, un español, a su amigo Tomás, que está en los Estados Unidos.

¡Hola, Tomás!

Hoy ________ 1 el diez de abril y ________ 2 las siete de la mañana. Como puedes ver, (yo) ________ 3 aquí en Sevilla. Normalmente ________ 4 una ciudad bonita, pero hoy ________ 5 estupenda.

Ya sabes que Sevilla ________ 6 en el sur de España y que estamos en la época de la famosa feria, que ________ 7 una fiesta magnífica de primavera. Elena y yo fuimos a la feria anoche. Hoy ________ 8 cansados porque acabamos de llegar al hotel. Los dos ________ 9 muy contentos con la música y los bailes, pero descubrí que traigo una chaqueta azul que no sé de quién ________ 10 y no sé dónde ________ 11 la mía que ________ 12 de color verde. Pero, en fin, los dos ________ 13 listos para volver esta noche.

Bueno, Tomás, nos vemos la semana próxima, cuando yo ________ 14 en tu ciudad. ¡Hasta pronto!

Gonzalo

SEVILLA 10.IV
Correos ESPAÑA 91 pesetas

Thomas Murray
1128 Sandpiper Ave.
Centerville, AZ 85212
USA

HABLANDO DEL PASADO

EL PRETÉRITO Y EL IMPERFECTO

Estas secciones aparecen al final de cada sección de gramática. Te van a ayudar a practicar los usos del imperfecto y del pretérito.

▶ Como ya sabes, Sancho Panza era el compañero fiel del valiente caballero don Quijote. Sancho solía hablar con los compañeros de otros caballeros, como lo hace en esta narración. Lee con atención lo que dice Sancho y luego indica si las oraciones son ciertas (C), falsas (F) o si Sancho no lo dice (ND). Fíjate especialmente en los usos del imperfecto y del pretérito cada vez que ocurren para ganar más facilidad con estos dos tiempos verbales.

«Mi amo era un hombre que no hablaba mucho y que se llevaba bien con todos, pero pasaba la vida leyendo novelas de aventuras: leyó tantas que perdió la cabeza. No comía tanto como yo, así que bajó mucho de peso. Empezó a creer que era un caballero famoso que tenía que salir en busca de aventuras y ayudar a los que se encontraban en situaciones difíciles. Creía que todo le iba a salir bien porque lo hacía en nombre de su amada Dulcinea, que era una mujer de El Toboso, un pueblo cerca de nuestro pueblo. Yo sabía que don Quijote no debía pelear contra otros caballeros porque era demasiado viejo y flaco. Además, no ganaba nada con esas batallas, especialmente aquella vez que entró en batalla contra unos molinos de viento.»

1. ____ Don Quijote era un hombre callado.
2. ____ También era muy amable.
3. ____ Don Quijote se volvió loco de perder tantas batallas.
4. ____ Sancho bajó de peso porque no comía bien.
5. ____ Don Quijote era flaco.
6. ____ Sancho era un hombre optimista.
7. ____ Sancho estaba enamorado de Dulcinea.
8. ____ Dulcinea tenía una familia grande.
9. ____ Don Quijote era realista.
10. ____ Don Quijote nunca ganó una batalla.

Nombre ______________________ Fecha ______________

LECTURA: CLAVE AL MUNDO HISPANO

SOBRE LA AUTORA Julia de Burgos (1914–1953), uno de los poetas puertorriqueños más conocidos del siglo XX, luchó contra la injusticia social en su país. Su lucha interior, a veces angustiosa, se reflejaba en su lucha por existir en la sociedad. Su obra iba en contra de las normas, lo cual le causó problemas entre sus contemporáneos, pero ella siguió escribiendo el tipo de poesía que le era importante.

A PROPÓSITO Éste es un poema que la poetisa le escribe a sí misma. Descubre dos lados de su propio ser: la voz interior y a la persona pública. En el poema, la voz interior está hablando a la persona pública.

A JULIA DE BURGOS

Ya las gentes murmuran que yo soy tu enemiga
porque dicen que en verso doy al mundo tu yo.

Mienten, Julia de Burgos. Mienten, Julia de Burgos.
La que se alza° en mis versos no es tu voz: es mi voz;
porque tú eres ropaje,° la esencia soy yo;
y el más profundo abismo° se tiende° entre las dos.

Tú eres fría muñeca de mentira social,
y yo, viril destello° de la humana verdad.

Tú, miel de cortesanas hipocresías;° yo no;
que en todos mis poemas desnudo° el corazón.

Tú eres como el mundo, egoísta; yo no;
que todo me lo juego° a ser lo que soy yo.

Tú eres sólo la grave señora señorona;°
yo no; yo soy la vida, la fuerza, la mujer.

Tú eres de tu marido, de tu amo;° yo no;
yo de nadie; o de todos, porque todos, a todos,
en mi limpio sentir y en mi pensar me doy.

Tú te rizas el pelo° y te pintas; yo no;
a mí me riza el viento; a mí me pinta el sol.

Tú eres dama casera,° resignada, sumisa,°
atada a los prejuicios° de los hombres; yo no;
que yo soy Rocinante° corriendo desbocado°
olfateando° horizontes de justicia de Dios.

se... *rises up*
clothing (external trappings)
abyss / se... *extends*
viril... *virile sparkle*
miel... *honey of polite hypocrisies*
I unveil
todo... *I risk everything*
high and mighty
master
Tú... *You curl your hair*
de la casa / *submissive*
atada... *tied to the prejudices*
Don Quijote's horse / *unbridled*
sniffing

¿QUÉ ENCONTRASTE?

ACTIVIDAD **¿Qué hay por dentro?**

▶ Aquí vas a pensar en los dos lados del ser de la poetisa, que tienen características distintas.

Paso 1. Indica con A o B (A = la persona social; B = la persona que escribe) a cuál de estas dos «personas» se le puede atribuir cada una de estas características según el poema.

1. ____ el ropaje
2. ____ superficial
3. ____ destello de verdad
4. ____ la vida y la fuerza
5. ____ la esencia
6. ____ la riza el viento
7. ____ de su marido
8. ____ hipócrita
9. ____ corazón desnudo
10. ____ de nadie o de todos
11. ____ señorona
12. ____ Rocinante desbocado
13. ____ atada a los prejuicios de los demás
14. ____ egoísta
15. ____ se riza el pelo

Nombre ______________________ Fecha ______________

VOCABULARIO ÚTIL
atrevida *daring*

Paso 2. Indica cuál de las dos «personas» (A o B), en tu opinión, es más...

1. ____ atrevida.
2. ____ débil.
3. ____ dominada por los demás.
4. ____ generosa.
5. ____ libre.
6. ____ mentirosa.
7. ____ sincera.

A EXPLORAR MÁS A FONDO

ACTIVIDAD Desnudando el corazón

VOCABULARIO ÚTIL
¿Te atreves? *Do you dare?*

▶ En todos nosotros hay una persona pública y otra privada, ¿no? Piensa en las características de tus propias «dos personas» y escribe una lista para cada una. Puedes elegir entre las de la lista de Julia de Burgos y añadir otras. ¿Te atreves?

PERSONA PÚBLICA	PERSONA PRIVADA
______________	______________
______________	______________
______________	______________
______________	______________
______________	______________

Nombre ______________________ Fecha ______________________

¿QUÉ HAGO YO?

ESCRÍBELO TÚ

VOCABULARIO

ACTIVIDAD 1 **¿Qué deben hacer?**

▶ Lee los problemas de estas personas y lo que desean. Luego dile a cada una lo que debe hacer.

MODELO: Quiero hablar mejor el español. →
Debes *charlar* más con tu amiga cubana.

arreglar el coche
bucear
coleccionar...
charlar
dar caminatas
entretenerte
hacer ejercicios aeróbicos
hacer *surfing*
quedarte en casa
relajarte
tejer un(a)...
trasnochar

1. Quiero descubrir un viejo galeón español lleno de tesoros.

   Debes aprender a ______________________________.

2. ¿Cómo puedo hacer ejercicio y gozar de la naturaleza al mismo tiempo?

   Debes ______________________________.

3. Por la noche estoy tan tensa que no puedo dormir.

   Debes aprender a ______________________________.

4. Llego tarde porque el coche no anda —¡otra vez!

   Debes aprender a ______________________________.

5. Me gustaría dar paseos con mis amigos, pero me canso muy rápidamente.

   Debes ______________________ para ponerte en forma.

6. Me gustaría hacer algo para regalarle a mi papá para su cumpleaños.

   Debes ____.

7. Quiero un pasatiempo que no requiere esfuerzo físico.

   Debes ____.

8. Estoy resfriado y tengo fiebre. Además, hace frío y está lloviendo.

   Debes ____.

ACTIVIDAD 2 ¿Quién hace qué?

▶ Empareja las siguientes profesiones con la actividad que consideras más típica de cada una. **¡Ojo!** No vas a usar todas las actividades.

1. ____ una artista
2. ____ un deportista
3. ____ una exploradora
4. ____ un mecánico
5. ____ un músico
6. ____ una novelista
7. ____ una persona de cualquier profesión después de un día muy largo

a. toca la guitarra y canta
b. da caminatas en las montañas
c. arregla coches
d. bucea en el océano
e. escribe libros
f. se relaja
g. pinta y dibuja cuadros
h. teje suéteres
i. colecciona estampillas
j. hace ejercicios aeróbicos

ACTIVIDAD 3 ¿Cómo se entretienen?

▶ Cada individuo tiene su propia forma de entretenerse. En esta actividad, vas a hablar de lo que hacen varias personas —y de lo que haces tú también— en los ratos libres.

Paso 1. ¿Qué hacen las siguientes personas para divertirse? Escribe oraciones según el modelo para describir el pasatiempo favorito de cada una.

Nombre ______________________ Fecha ______________

MODELO: Ernesto *lee novelas* en el tiempo libre.

1. Cristina ____
2. Estos jóvenes ____
3. La abuelita Carmen ____
4. Rubén ____
5. Los Rivera ____
6. El señor López ____
7. Federico ____
8. Gertrudis ____

Paso 2. Y tú, ¿qué haces en el tiempo libre? Escribe de tres a cinco oraciones para describir tus diversiones favoritas.

MODELO: Hago ejercicios aeróbicos tres veces cada semana. También doy caminatas en las montañas cada mes. En el invierno esquío en la nieve, y en el verano esquío sobre el agua. Cuando hace mal tiempo, me gusta quedarme en casa y leer libros de ciencia ficción.

____

____

____

____

____

____

Nombre ______________________ Fecha ______________

¿CUÁNTO SABES YA?

AUTOPRUEBA

ACTIVIDAD 1 Los verbos en el presente

▶ Usa el presente de los verbos entre paréntesis para completar esta composición de un estudiante de secundaria.

«La vida de un estudiante»

Yo __________[1] (ir) a las clases todos los días. Este año __________[2] (estudiar) física, trigonometría, español, inglés y música. También __________[3] (tomar) un curso de gimnasio. Las clases __________[4] (comenzar) a las ocho de la mañana y __________[5] (terminar) a las tres de la tarde. Cada noche yo __________[6] (tener) tarea para todas las clases —¡excepto la clase de gimnasio! Después de la escuela, mis amigos y yo __________[7] (ir) al videocentro y __________[8] (jugar) a los videojuegos. Luego, yo __________[9] (regresar) a casa para cenar. Normalmente mi padre __________[10] (preparar) la cena porque mi madre __________[11] (trabajar) muy tarde; ella __________[12] (ser) médica y no siempre __________[13] (tener) un horario «normal». Después de cenar, mis hermanos y yo __________[14] (hacer) la tarea para el día siguiente. Si (nosotros) la __________[15] (terminar) pronto, __________[16] (poder) mirar la televisión hasta la hora de acostarnos. A veces la vida de un estudiante __________[17] (ser) un poco difícil; pero ¡las vacaciones de verano __________[18] (empezar) pronto!

ACTIVIDAD 2 Los pronombres reflexivos

▶ Usando las frases indicadas, describe lo que tú haces y lo que hace un amigo / una amiga.

MODELO: divertirse más →
Yo *me divierto* más en el cine. Mi amigo Juan *se divierte* más en las fiestas.

1. levantarse los domingos ______________________________

   ____

2. acostarse temprano ______________________________

   ____

3. entretenerse los fines de semana ______________________________

   ____

ACTIVIDAD 3 ¿Cómo es tu ropa?

▶ Escribe oraciones según el modelo para describir los siguientes artículos de ropa. ¡Sé creativo/a! **¡Ojo!** Usa la forma plural de cada sustantivo.

MODELO: camisa →
Mis camisas son amarillas.

1. pantalón ______________________________
2. zapato ______________________________
3. camiseta ______________________________
4. reloj ______________________________
5. falda/corbata ______________________________
6. cinturón/corbata ______________________________
7. vestido/traje ______________________________
8. traje de baño ______________________________

Nombre ______________________ Fecha ______________________

PRACTICA UN POCO

GRAMÁTICA

¿TIENES HAMBRE? Idioms with *tener*

Conexión gramatical
Estudia la página 39 en
¿Por qué lo decimos así?

EJERCICIO 1 **En la Cresta Sandía**

▶ Jazmín y Teo suben a la Cresta Sandía, la cual tiene una altura de 10.600 pies. Completa su conversación con las frases apropiadas. Usa las formas correctas de **tener**.

VOCABULARIO ÚTIL
¡Apúrate! *Hurry up!*

tener... años	tener la culpa	tener razón
tener calor	tener miedo	tener sed
tener frío	tener prisa	tener suerte
tener hambre	tener que...	
tener ganas		

TEO: ¡Apúrate, Jazmín!

JAZMÍN: ¿Por qué ______________ tanta ______________[1]?

TEO: Porque ya va a subir el teleférico.

JAZMÍN: Ah, sí, tú ________________________[2]; ya voy. Pero, ¿no vas a llevar la chaqueta?

TEO: ¿La chaqueta? ¿Para qué? ¡Es el verano! ________________________[3].

JAZMÍN: Pero en la cresta vas a ________________________[4].

TEO: Jazmín, por favor, ____________ treinta y cinco ____________[5]. Tú no eres mi mamá.

JAZMÍN: Vamos, pues. ¡Dios mío, qué alto va! Ahora entiendo por qué tantas personas ____________[6] de subir en el teleférico. Pero la vista es increíble.

(*En la montaña*)

JAZMÍN: ¡Es un lugar hermoso! ________________________[7] de dar un paseo entre los árboles. Vamos, Teo.

TEO: No. ¡¡Brrrr!! La temperatura debe estar a menos de 50 grados y hace viento. Además, no comí mucho y ________________________[8]. Vamos para abajo.

JAZMÍN: Pero Teo, no ________________________[9] ir allá abajo para comer. Hay un buen restaurante aquí en la cresta.

(*En el restaurante*)

CAMARERA: Buenas tardes. Aquí está el menú y les puedo traer algo para beber si ________________________[10]. ¿Tiene usted frío, señor?

TEO: Sí, y mi esposa ______[11], por no traerme la chaqueta.

JAZMÍN: ¡Sinvergüenza! Yo no soy tu mamá... Pero, ______ ______[12] —¡porque te traje la chaqueta en mi bolsa!

EN MIS RATOS LIBRES CORRO Y BUCEO Present-Tense Verbs: Review and Expansion

Conexión gramatical
Estudia las páginas 40–41 en **¿Por qué lo decimos así?**

EJERCICIO 2 Tus actividades típicas

▶ Contesta estas preguntas sobre tus actividades.

MODELO: ¿Haces ejercicios aeróbicos? →
Sí, hago ejercicios aeróbicos.
(*No, no hago* ejercicios aeróbicos.)

1. ¿Sales frecuentemente de noche?

______

2. ¿Te pones sudadera todos los días?

______

3. ¿Sabes jugar al tenis?

______

4. ¿Qué deporte escoges con más frecuencia?

______

5. ¿Conoces a algún/alguna deportista profesional?

______

6. ¿Perteneces a algún club deportivo?

______

7. ¿Traes una mochila a la escuela?

____

8. ¿Te caes mucho cuando corres?

____

9. ¿Das muchas caminatas los domingos?

____

EJERCICIO 3 ¿Eres como los demás?

▶ Compara lo que tú haces con lo que hacen otras personas. Completa la primera oración con la forma correcta de un verbo apropiado para indicar lo que hace otra gente. Luego, completa la pregunta y contéstala usando las formas correctas del mismo verbo.

MODELO: ____________ siempre ____________ en clase.
(nombre)

Y tú, ¿____________ en clase? →
Michelle siempre *habla* en clase.
Y tú, ¿*hablas* en clase?
Yo *hablo* en clase a veces. (Yo no *hablo* en clase nunca.)

asistir	charlar	hacer	salir
conducir	escoger	pertenecer	tejer
conocer	hablar	proteger	traer

1. Los hermanos mayores ____________ a sus hermanitos de los chicos agresivos. Y tú, ¿a quién ____________?

   Yo ____________ a ______________________________.

2. En el invierno, muchas abuelas ____________ bufandas de lana. Y tú, ¿qué ____________?

   Yo ____.

3. ____________ y ____________ ____________ a la escuela todos los
   (nombre) (nombre)

   días. Y tú, ¿____________ a la escuela todos los días?

   Yo ____.

Nombre ______________________ Fecha ____________

4. Mi amigo/a ____________ siempre ____________ helado
(nombre)

____________. Y tú, ¿qué tipo de helado ____________, generalmente?
(tipo de helado)

Generalmente, yo ____________ helado ______________________.
(tipo de helado)

5. El capitán del equipo de fútbol americano ____________ un

____________. Y tú, ¿qué tipo de coche ____________?
(tipo de coche)

Yo ____________ un ______________________________________.
(tipo de coche)

6. ____________ ____________ a ____________ clubes. Y tú, ¿a cuántos
(nombre) (número)

clubes ____________?

Yo ____________ a ____________ club(es).
(número)

7. ____________ ____________ las tiras cómicas a la escuela. Y tú, ¿qué
(nombre)

____________ a la escuela?

Yo ____.

8. ____________ y ____________ ____________ en la clase de
(nombre) (nombre)

____________. Y tú, ¿con quién ____________?
(clase)

Yo ____________ con ______________________________________.
(nombre[s])

¿QUÉ QUIERES HACER HOY?
Present Tense of Stem-Changing and Spelling-Change Verbs

Conexión gramatical
Estudia las páginas 41–42 en **¿Por qué lo decimos así?**

EJERCICIO 4 **¿Qué tipo de persona eres?**

▶ Imagínate que tu consejero/a quiere saber cómo eres, para poder aconsejarte mejor. Completa sus preguntas y luego contéstalas con la forma correcta del verbo apropiado.

MODELO: ¿Eres el tipo de persona que ____________ mil y una fotos de sus amigos en la cartera? →
¿Eres el tipo de persona que *tiene* mil y una fotos de sus amigos en la cartera?
Sí, *tengo* muchas fotos en la cartera.
(No, sólo *tengo* cinco fotos en la cartera.)

actuar	decir	incluir	tener
construir	elegir	jugar	venir
corregir	esquiar	perder	vestirse

¿Eres el tipo de persona que...

1. ____________ a la escuela temprano cuando puede?

   ____

2. ____________ con videojuegos en vez de hacer la tarea?

   ____

3. ____________ de una manera muy original?

   ____

4. ____________ en obras dramáticas?

   ____

5. ____________ los libros de texto y no puede estudiar?

   ____

6. ____________ «castillos en el aire»?

   ____

7. ____________: «La contaminación no es problema mío»?

   ____

8. ____________ los errores gramaticales de los amigos?

   ____

Nombre ______________________ Fecha ______________

¿ADÓNDE VAS ESTA NOCHE?
Present Tense of Irregular Verbs

Conexión gramatical
Estudia la página 42 en
¿Por qué lo decimos así?

EJERCICIO 5 El monstruo

▶ Julio Bustamante y su tía están charlando en la cocina una noche cuando oyen un ruido bastante extraño afuera. Completa el diálogo con la forma correcta de los verbos apropiados.

Verbos: dar, estar, ir, oír, saber, ser, ver

TÍA: Escucha, Julio. ¿____________[1] ese ruido? ¿____________[2] (tú) qué puede ser?

JULIO: Claro que lo ____________,[3] pero no ____________[4] qué lo hace. ____________[5] afuera para ver qué será.

TÍA: Yo no ____________[6] a salir de la casa; pero ve tú, si no tienes miedo.

JULIO: ¡Qué miedosa ____________,[7] tía! (*Sale al pórtico.*)

TÍA: ¿Qué ____________,[8] Julio?

JULIO: Pues, ____________[9] muy oscuro. No ____________[10] nada. ¡¡Ay, socorro!! ¡La cosa me saltó encima! ¡¡Tíaaa!!

TÍA: Dios mío, ¿qué hago? Bueno, le ____________[11] un golpe con el paraguas. (*Sale con la linterna eléctrica y el paraguas.*) Julio, ¿dónde ____________[12]?

JULIO: Por acá. ¡Date prisa, tía! No puedo escapar.

TÍA: Pero, Julio... ¡es sólo el impermeable de tu tío! Cuando el viento lo movía, hacía el ruido que oímos y luego te cayó encima. (*Ella levanta el impermeable.*)

JULIO: (*Riéndose.*) ¡Qué tonto ____________[13]! Gracias, tía, por salvarme del monstruo.

¿A QUÉ HORA TE ACUESTAS?
Reflexive Pronouns

Conexión gramatical
Estudia la página 44 en **¿Por qué lo decimos así?**

EJERCICIO 6 Un día típico

▶ Escribe de tres a cinco oraciones para describir cómo pasas el día. Usa verbos reflexivos de la lista.

acostarse
bañarse
cepillarse los dientes
despertarse
divertirse
lavarse la cara
levantarse
vestirse

Por la mañana, primero ______________________________________.

Después, ______________________________________

____

____

____

____

____

____

Nombre ______________________ Fecha ______________

¿QUÉ ES ESTO?
Gender of Nouns

Conexión gramatical
Estudia las páginas 45–46 en
¿Por qué lo decimos así?

EJERCICIO 7 Gente famosa

▶ Empareja las frases de las dos listas para identificar a algunas personas famosas.

1. ____ Pablo Picasso era...
2. ____ Juan Carlos y Sofía son...
3. ____ Bridget Fonda y Glenn Close son...
4. ____ José Martí era...
5. ____ Isabel Allende es...
6. ____ Gabriel García Márquez es...
7. ____ Frida Kahlo era...
8. ____ Charles Windsor es...
9. ____ Tom Hanks y Melanie Griffith son...
10. ____ Arantxa Sánchez Vicario es...

a. una novelista chilena.
b. un artista conocido.
c. unos actores famosos.
d. una tenista española.
e. un príncipe inglés.
f. una artista mexicana.
g. los reyes españoles.
h. unas actrices conocidas.
i. un poeta cubano.
j. un novelista colombiano.

¿QUÉ SON ÉSTOS?
Plural of Nouns

Conexión gramatical
Estudia la página 47 en
¿Por qué lo decimos así?

EJERCICIO 8 Identificaciones

▶ Completa las siguientes oraciones con el plural de las cosas o personas descritas.

MODELO: Los pinos se usan como ____________ de Navidad. →
Los pinos se usan como *árboles* de Navidad.

actor	capitán	padre	sandalia
actriz	flor	rascacielos	serpiente
árbol	madre	ratón	viernes

1. La rosa y el tulipán son ____________.

2. La cobra y la boa son __________________.

3. Los ____________ son el día favorito de mucha gente.

4. Mamá y papá son los nombres que se dan a tus ____________.

5. En la playa casi todo el mundo lleva ____________.

6. Mickey, Jerry y Speedy González son ____________.

7. Wynona Ryder y Susan Sarandon son ____________.

8. Kevin Bacon y Robert Duvall son ____________.

9. Jamie Lee Curtis y Kevin Costner son ____________.

Nombre ______________________ Fecha ______________________

HABLANDO DEL PASADO

EL PRETÉRITO Y EL IMPERFECTO

▶ ¿Cómo era el caso de María y Elena, las gemelas chilenas que «conociste» en esta lección? Completa las frases del grupo A con las del grupo B para contar su historia.

GRUPO A

1. ____ Las gemelas vivían en Santiago y...
2. ____ María era una persona tranquila y...
3. ____ A Elena le gustaba llevar una vida muy activa...
4. ____ María pintaba cuadros porque...
5. ____ Un día fueron a la playa y Elena...
6. ____ Cuando quisieron volver a casa, Elena...
7. ____ Mientras esperaba, María...
8. ____ Después volvieron a Santiago, un viaje...
9. ____ Ya en casa Elena decidió salir a correr y María...
10. ____ Las dos hermanas tenían diferentes gustos, y por eso...

GRUPO B

a. y por eso prefería hacer ejercicios vigorosos.
b. hizo *surfing* en las olas del océano.
c. empezó a recoger flores.
d. que duró una hora y media.
e. físicamente eran idénticas.
f. se echó en el sofá para hablar por teléfono.
g. hacía muy poco ejercicio.
h. tuvo que arreglar el coche, porque no andaba.
i. se entretenían con sus propias actividades.
j. le gustaba estimular la inteligencia.

LECTURA: CLAVE AL MUNDO HISPANO

A PROPÓSITO ¿Te acuerdas de José Martí, el famoso poeta cubano? La mayor parte de su poesía, como las selecciones que ya has leído, trata de temas patrióticos. Sin embargo, a veces escribió poesía sobre otros temas. La selección a continuación trata del amor trágico. Cuando Martí estaba en el exilio, vivió por un tiempo en Guatemala. Allí, una mujer joven se enamoró del guapo rebelde. Martí no podía corresponder a su amor, pero ella no aceptó su negativa. Luego, Martí volvió a Guatemala —casado— después de un viaje a México, y la mujer de Guatemala murió ahogada.° Este poema trata de los sentimientos de Martí al oír la noticia de su muerte.

drowned

VERSOS SENCILLOS IX

Quiero, a la sombra de un ala°
contar este cuento en flor:
la niña de Guatemala,
la que se murió de amor.

Eran de lirios° los ramos,
y las orlas° de reseda
y de jazmín:° la enterramos°
en una caja de seda.°

...Ella dio al desmemoriado°
una almohadilla de olor;°
él volvió, volvió casado:
ella se murió de amor.

Iban cargándola en andas°
obispos y embajadores;°
detrás iba el pueblo en tandas,°
todo cargado de flores.

...Ella, por volverlo a ver,
salió a verlo al mirador;°
él volvió con su mujer;
ella se murió de amor.

Como de bronce candente°
al beso de despedida
era su frente° —¡la frente
que más he amado en mi vida!

sombra... *shadow of a wing*
lilies
fringe
reseda... *mignonette and jasmine / we buried*
caja... *silk-lined coffin*
forgetful one (el poeta)
almohadilla... *sachet bag*
bier
ambassadors
groups
balcony
red-hot
forehead

Nombre ______________________ Fecha ______________________

...Se entró de tarde en el río,
la sacó muerta el doctor;
dicen que murió de frío:
yo sé que murió de amor.

Allí, en la bóveda helada,°
la pusieron en dos bancos;°
besé su mano afilada,°
besé sus zapatos blancos.

Callado, al oscurecer,°
me llamó el enterrador,°
¡Nunca más he vuelto a ver
a la que murió de amor!

bóveda... *frozen crypt*
benches
slender
al... *at nightfall*
gravedigger

¿QUÉ ENCONTRASTE?

ACTIVIDAD 1 Las imágenes

▶ Una imagen es una palabra o frase que evoca una reacción en el lector. Hay dos grupos de imágenes que contrastan en este poema: la inocencia y la tristeza de la muerta. Escribe en los espacios algunos elementos que contribuyen a estos sentimientos.

INOCENCIA	TRISTEZA
______________________	______________________
______________________	______________________
______________________	______________________
______________________	______________________

ACTIVIDAD 2 El tiempo poético

▶ Hay dos «presentes» en el poema: la época del entierro y el momento en que el poeta vuelve, recién casado, de un viaje. Indica los números de los versos que pertenecen a cada «presente».

Entierro ____

Regreso del poeta ______________________________________

ESCRIBE ALGO MÁS

UNIDAD DE REPASO

ACTIVIDAD 1 Rimas divinas

VOCABULARIO ÚTIL

burdo	*clumsy*
el cerdo	el puerco (*pig*)
derramar	*to spill*
Paco	*nickname for Francisco*
la tilde	*type of accent mark*

▶ Completa las definiciones con una palabra que rima.

MODELO: un muchacho que tiene mucho dinero → chico *rico*

1. un animal que vive en el bosque y revela los secretos de los otros animales — oso ________________
2. Francisco, después de hacer demasiados ejercicios aeróbicos — Paco ________________
3. una persona positiva que ve las cosas tal y como son — optimista ______________
4. un cerdo que no deja de tejer su suéter hasta que sea perfecto — puerco ______________
5. David Copperfield, cuando se relaja demasiado — mago ________________
6. Thomas Edison, cuando se entretiene charlando horas y horas por teléfono — inventor ______________
7. la manera de una persona que está convencida de que sabe mucho más que los demás — modo del ______________
8. una persona que siempre derrama su vaso de agua cuando hace crucigramas con la mano izquierda — burdo ________________

Nombre ______________________ Fecha ______________________

9. cuando hay puro silencio en esta parte de tu casa — lado ______________

10. una marca diacrítica que se queda por debajo de la «n» en vez de por encima — tilde ______________

ACTIVIDAD 2 ¿Qué tienen en común?

▶ Todos tenemos algo en común con otras personas o incluso con los animales. Lee las pistas y trata de adivinar qué tienen en común las personas y los animales a continuación. Usa palabras de la lista de actividades.

MODELO: una araña y una abuela →
A las dos les gusta *tejer*. (Las dos *tejen*.)

Actividades: bucear, coleccionar, charlar, dar una caminata, hacer ejercicios aeróbicos, hacer *surfing*, quedarse en casa, relajarse, trasnochar

VOCABULARIO ÚTIL

la ballena	*whale*
el ermitaño / la ermitaña	*hermit*
el loro	*parrot*
el murciélago	*bat*

1. un pez y Jacques Cousteau

____

2. un loro y los jóvenes

____

3. un murciélago y Drácula

____

4. un perro y un(a) atleta

____

5. Sancho Panza y un ermitaño

____

6. Richard Simmons y Cindy Crawford

____

7. un oso en el invierno y una persona que está muy cansada

____

8. una ballena y muchos jóvenes de California

____

Nombre ______________________ **Fecha** ______________________

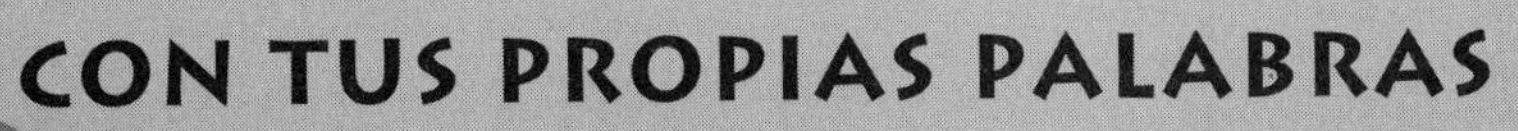

CON TUS PROPIAS PALABRAS

UNIDAD DE REPASO

▶ **¿A quién te pareces más en el mundo?** Piensa en la persona a la que más te pareces. Puede ser un pariente, un amigo / una amiga, una persona famosa o un personaje ficticio. ¿Cómo es él/ella, tanto físicamente como en su personalidad? ¿Qué actividades les gustan a ustedes dos? Escribe un párrafo sobre las características físicas, cualidades personales y actividades favoritas de ti y de la otra persona.

Paso 1. Usa el diagrama Venn a continuación para organizar tus ideas. Escribe en el círculo que corresponde a ti las cosas que te describen, y escribe en el otro círculo las que describen a la otra persona. Pon las cosas que ustedes tienen en común en la intersección de los círculos.

Tú:__________________ La otra persona:__________________

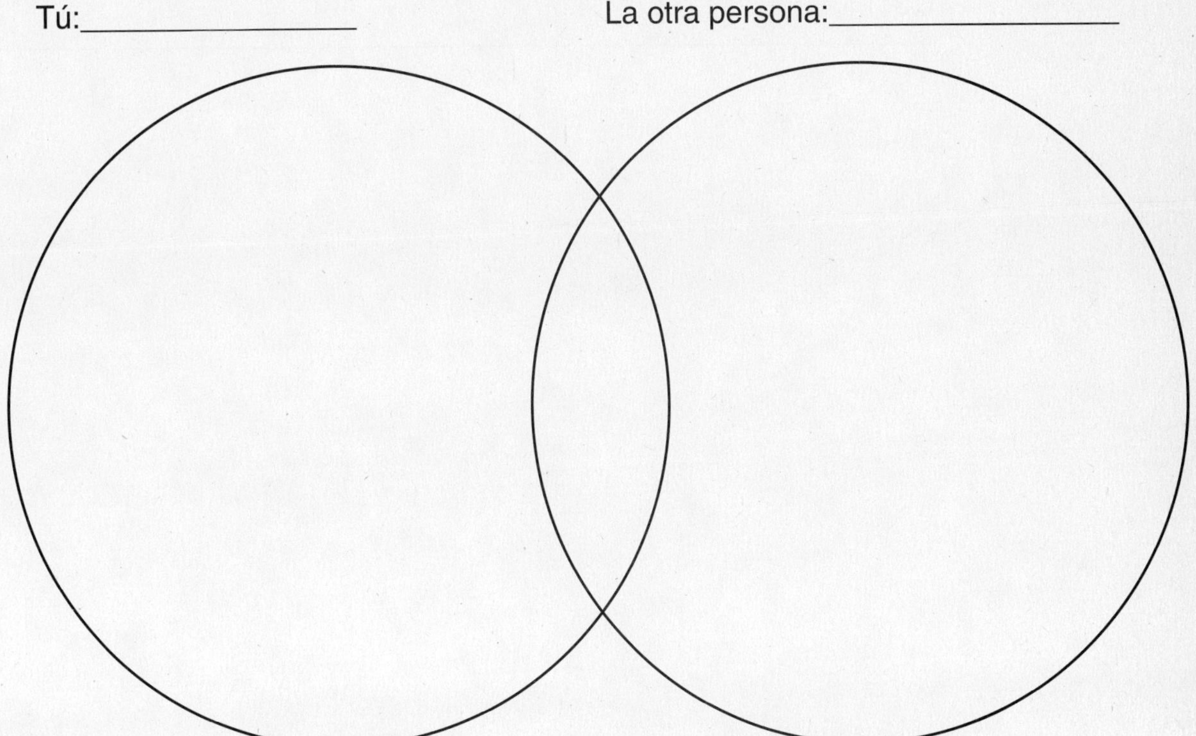

Paso 2. Ahora escribe tu párrafo. Empieza con la información sobre la persona que escogiste y después escribe la información sobre ti. Finalmente, escribe las características, cualidades y actividades que ustedes tienen en común.

Nombre ______________________ Fecha ______________________

PASAPORTE CULTURAL 1

México

▶ Para hacer estas actividades, consulta el Pasaporte cultural 1 en las páginas 53–56 de tu libro.

ACTIVIDAD 1 ¿Cuánto sabes de México?

▶ Escribe la opción correcta en el espacio.

1. ____ Cuando los españoles llegaron a México, ellos...
   a. se llevaban bien con los aztecas.
   b. destruyeron los edificios aztecas.
   c. celebraron la fiesta del rábano.
   d. construyeron templos en honor a los dioses aztecas.

2. ____ En México se habla...
   a. español.
   b. náhuatl.
   c. zapoteca.
   d. *a, b* y *c*.

3. ____ La Ciudad de México tiene 20 millones de habitantes, lo cual la hace...
   a. la ciudad más grande del mundo.
   b. la capital del país más urbanizado del Tercer Mundo.
   c. *a* y *b*.
   d. ni *a* ni *b*.

4. ____ México tiene zonas...
   a. templadas y calientes.
   b. templadas, calientes y frías.
   c. sólo calientes.
   d. calientes y frías.

5. ____ Los buñuelos son...
   a. un tipo de celebración.
   b. un tipo de rábano.
   c. un tipo de ropa.
   d. un tipo de comida.

6. ____ Los siguientes alimentos son de origen mexicano:
   a. el tomate y el chocolate.
   b. el pavo y el maíz.
   c. la calabaza y el frijol.
   d. *a, b* y *c*.

ACTIVIDAD 2 Las bellas artes

▶ Indica si las siguientes oraciones son ciertas (C) o falsas (F).

1. ____ Carlos Chávez y Silvestre Revueltas son muralistas mexicanos.
2. ____ Chávez y Revueltas nacieron a finales del siglo XX.
3. ____ Chávez y Revueltas rechazaron los estilos europeos en sus obras.
4. ____ Chávez es el creador de *La noche de los mayas*.
5. ____ Revueltas creó *Homenaje a García Lorca*.
6. ____ Chávez y Revueltas usan temas e instrumentos indígenas y populares en sus obras.

ACTIVIDAD 3 La cocina y las tradiciones

▶ Escribe oraciones completas para contestar las siguientes preguntas.

1. Imagínate que has invitado a varios amigos a cenar en tu casa y deseas servir una cena típica mexicana. ¿Cuáles son algunos de los ingredientes que vas a usar? ¿Qué platos vas a servir? Menciona dos.

   ____

   ____

2. Imagínate que viajas a Oaxaca para la Fiesta de la Virgen de la Soledad. Describe dos cosas que puedes hacer durante esta celebración.

   ____

   ____

3. Ahora, imagínate que decides regresar a Oaxaca para la temporada navideña. ¿Qué son dos cosas que seguramente vas a hacer o comprar?

   ____

   ____

Nombre ______________________ Fecha ______________________

LAS RELACIONES FAMILIARES

ESCRÍBELO TÚ

VOCABULARIO

ACTIVIDAD **Las relaciones**

▶ Describe las relaciones entre varias personas.

Paso 1. Describe las relaciones entre las personas de cada dibujo e indica qué hacen o qué sienten. Usa frases de la lista.

apoyar en todo	coquetear mucho	reconciliarse con
confiar en	guardarle los secretos a	tenerle cariño a

MODELO: 

Los padres *apoyan a su hijo en todo.*

1. 
la abuela
los nietos

____

2. 
los novios

____

3. 
la hermana
el hermano

____

4. 
Enrique
Manolo

____

5. 
Belisa
Alma

____

Nombre _______________ Fecha _______________

Paso 2. Ahora, describe algunas relaciones entre personas que tú conoces. Pueden ser relaciones entre tú y tus amigos o miembros de tu familia, o pueden ser relaciones entre otras personas. Puedes usar frases de la lista del Paso 1 u otras, si quieres.

MODELO: Mi hermana menor siempre le guarda los secretos a mi hermana mayor, pero las dos nunca confían en mí.

1. ______________________________
____
2. ______________________________
____
3. ______________________________
____
4. ______________________________
____
5. ______________________________
____

¿CUÁNTO SABES YA?

AUTOPRUEBA

ACTIVIDAD **Más sobre los aztecas**

▶ Escribe la forma correcta del imperfecto del verbo entre paréntesis.

Los aztecas ________________[1] (vivir) en Tenochtitlán, una ciudad que ________________[2] (estar) en medio de un lago. ________________[3] (Tener: ellos) un imperio muy extenso. Cuauhtémoc ________________[4] (ser) su último emperador. Uno de sus dioses principales ________________[5] (llamarse) Quetzalcóatl. Los aztecas ________________[6] (creer) que algún día Quetzalcóatl ________________[7] (ir) a volver, en forma humana, a la Tierra.

Los sacerdotes de los aztecas les ________________[8] (decir) que su cultura ________________[9] (llegar) pronto a su fin, y en esto ________________[10] (tener: ellos) razón. La conquista del imperio azteca por los españoles ________________[11] (ser) en 1521. Los españoles ________________[12] (pensar) que ________________[13] (hay) oro en el imperio de los aztecas y que ellos ________________[14] (saber) dónde ________________[15] (encontrarse) el oro. Pero los aztecas nunca les dijeron nada.

Nombre _______________ Fecha _______________

PRACTICA UN POCO

GRAMÁTICA

LO QUE HACÍAS Y CÓMO TE SENTÍAS
The Imperfect: Ongoing Activities or Conditions in the Past

Conexión gramatical
Estudia las páginas 75–76 en **¿Por qué lo decimos así?**

EJERCICIO 1 **El pasado del profesor / de la profesora**

▶ Completa las oraciones para expresar algunas cosas que tú crees que hacía tu profesor(a) en el pasado. Usa la forma correcta de una de las frases de la lista o cualquier otra frase apropiada. Sigue el modelo.

VOCABULARIO ÚTIL
legumbres *vegetables*

asistir a clases todos los días
comer helado
comer muchas legumbres
creer en el Papá Noel
dormir tarde
enfermarse frecuentemente
haber mucho cariño en su casa
hablar mucho con los bisabuelos
ir al cine todos los viernes
mirar mucho la tele
pasear con la familia
pelear con los hermanos
salir todas las noches
siempre ser bueno/a
tener su propio cuarto
trabajar en la biblioteca
ver a los abuelos a veces
visitar México varias veces

MODELO: Cuando era niño, *jugaba mucho al fútbol.*
Cuando era niña, *no comía mucho helado.*

1. Cuando era niño/a, (no) _______________________________

____

2. Cuando asistía a la escuela primaria, (no) ________________________

____

3. Mientras él/ella estudiaba, su hermano/a (no) ________________

____

4. Mientras vivía en casa de sus padres, (no) ________________

____

5. Cuando estaba cerca de sus parientes, (no) ________________

____

6. Mientras estaba en el colegio, él/ella (no) ________________

____

7. Mientras estaba en la universidad, él/ella y sus amigos (no) ________

____

____

8. Cuando estudiaba español, (no) ________________________

____

9. Cuando quería divertirse, (no)________________________

____

Nombre ______________________ Fecha ______________

EJERCICIO 2 Hace cien años

▶ ¿Sabes cómo eran las cosas en los Estados Unidos hace cien años? Lee cada oración y luego completa su pareja según lo que tú crees. Subraya la palabra apropiada entre paréntesis y usa el imperfecto del verbo.

VOCABULARIO ÚTIL
promedio *average*

MODELO: Hoy día *hay* muchos antibióticos, como la penicilina. →
Hace cien años (también / todavía no) *había* antibióticos.

1. Hoy día el 50% de las parejas que se casan *se divorcia*.

   Hace cien años sólo el (7% / 20%) de las parejas

   ______________________.

2. Hoy día las mujeres *se casan*, como promedio, a los 24 años.

   Hace cien años ______________________, como promedio, a los

   (17 / 22) años.

3. Hoy día 195 de cada 100.000 personas *mueren* de cáncer.

   Hace cien años (68 / 268) de cada 100.000 personas

   ______________________ de cáncer.

4. Hoy día los hombres blancos *viven*, como promedio, hasta los 73 años.

   Hace cien años ellos ______________________, como promedio,

   hasta los (48 / 56) años.

5. Hoy día ______________________ *es* el presidente de los Estados

   Unidos.

   Hace cien años (Eisenhower / McKinley) _______ el presidente.

6. Hoy día *hay* unos 260 millones de personas en los Estados Unidos.

   Hace cien años __________ unos (76 / 152) millones de personas.

HABLANDO DEL PASADO

EL PRETÉRITO Y EL IMPERFECTO

▶ Mira otra vez la historia de la familia Collanes, que se encuentra en las páginas 60–61 de tu libro. Luego, completa las frases del Grupo A con las frases apropiadas del Grupo B para describir algo de su vida.

Grupo A

1. ____ Cuando Laura era una niña recién nacida, ...
2. ____ Al ver la foto recordó que...
3. ____ Como ella era pequeña, ...
4. ____ Laura nos habló de cuando ella y Claudio...
5. ____ Entonces vimos otra foto de Laura cuando ella...
6. ____ Laura notó que cuando había fiestas familiares, ...
7. ____ Cuando ella y su medio hermano eran niños, él...
8. ____ Cuando la abuelita Carmen se quedó viuda, ...
9. ____ Laura recordó que su abuelita siempre...

Grupo B

a. estaban en una fiesta con sus amigos.
b. sus amigas le ayudaban a pasar las horas de tristeza.
c. sus abuelos vivían con los Collanes.
d. muchos parientes asistían a ellas.
e. celebraba su cumpleaños.
f. se parecía mucho a su padre.
g. le tomaba el pelo frecuentemente.
h. les contaba historias de la familia.
i. su familia la protegía mucho.

LECTURA: CLAVE AL MUNDO HISPANO

A PROPÓSITO Aquí hay otra obra teatral de *Locos por el teatro,* la colección publicada por la Universidad de Sevilla para grupos de actores jóvenes. Igual que *¡Sorpresa!*, esta obra también trata un tema que se relaciona con la juventud de todo el mundo.

SUEÑOS DE METAL (ADAPTADO)

Personajes (por orden de aparición):

Jorge
El padre
Fede (Federico)
Quino
Juanjo (Juan José)
Rosa

ESCENA I

Salón de una casa de clase media. Padre e hijo están sentados uno de espaldas° al otro. El primero está hojeando pausadamente° el periódico.

de... *with his back to* / hojeando... leyendo sin prisa

JORGE: Papá, ¡¿me vas a contestar o no?!

EL PADRE: ¿Qué? ¿Decías algo? Fíjate cómo está el mundo. Cualquier día de éstos...

JORGE: ¡Y qué me importa a mí eso ahora! Te estoy preguntando si me vas a dar el dinero para la batería° o no. Fede, el Quino y los otros están pendientes° de que yo ponga mi parte para pagarla, y tú tan tranquilo. Te lo vengo diciendo desde hace un mes°...

batería *drum set*
pendientes esperando
Te... *I've been telling you for a month*

EL PADRE: ¿Tranquilo? ¿Qué hora es? (*Mirando el reloj.*) ¡Las siete! Y a las seis y media tendría que haber llamado a la empresa° para ver si ha llegado el camión de cemento. Perdona, hijo, ahora° te escucho. (*Marca un número de teléfono.*)

tendría... *I should have called the office*
ahora *later, in a while* (*coll.*)

JORGE: (*Dirigiéndose° al público.*) ¡Luego no quiere! Jorge, que por qué vienes tan tarde; Jorge, que por qué sacas tan malas notas; Jorge, qué haces con el dinero que te doy; que por qué andas con esa gente tan rara. Jorge, Jorge, Jorge. Me va a borrar° el nombre de tanto preguntarme por todo, pero nunca se entera de nada.° Un día desaparezco sin decir ni adiós y seguro que ni me echa de menos.° Total, ni me ve ni me oye.

Dirigiéndose Hablándole
borrar *erase*
nunca... *he never gets it*
ni... *he wouldn't even miss me*

EL PADRE: (*Cuelga el teléfono. Mira de reojo° a su hijo y se vuelve a sentar, cogiendo el periódico.*) ¿Estás todavía ahí? ¿No decías que ibas a salir con Marta esta tarde? ¿Qué tal es esa Marta, Jorge?

JORGE: (*Con intención de responderle.*) Bueno...

EL PADRE: ¿No es esa chica que estuvo saliendo con Fernando el mes pasado?

JORGE: Papá, por favor, ¿quieres dejar eso ahora? Estaba intentando° decirte que los *Metal Dreams* queremos empezar a ensayar° en serio la semana que viene y todavía no hemos pagado la batería.

EL PADRE: ¿Los *Metal Dreams*? ¿Qué es eso? Ten cuidado con la gente con la que andas. Yo tenía un amigo...

JORGE: (*Interrumpiéndole. Furioso.*) Y yo tengo tres que me van a mandar a la porra° si no les doy una respuesta esta tarde.

EL PADRE: Oye, oye, ¿qué humos son ésos?° ¿Se puede saber qué te pasa a ti esta tarde para gritar de esa manera? Pues no faltaba más.° Mire usted el mocoso este° dándole voces° a su padre. Si le hubiera levantado yo la voz° a mi padre así, de un trompazo° me rompe la cara.

de... *sideways*
trying
rehearse
me... *are going to send me packing*
¿qué... *what presumption is this?*
no... *that's the last straw*
el... *this kid* / dándole... gritándole
Si... *If I had raised my voice* / de... *with one punch*

ESCENA II

Una especie de desván o buhardilla° decorada con carteles de grupos heavy. Un teclado,° un bajo° eléctrico, una guitarra y una batería. Antes de iluminarse la escena, se escucha un tema° de un grupo que está de moda en el momento.

FEDE: ¿Qué, tíos°? ¿Lo dejamos ya?

QUINO: Sí. Mejor, porque estoy hecho polvo.°

FEDE: Y tú, ¿para qué quieres a los amigos?° Anda, qué se te va a ocurrir avisarnos.°

QUINO: Si es que quedé con mis compañeros de piso del año pasado, y como no conectáis°...

FEDE: Anda, si ya te conocemos. No te busques excusas.

JUANJO: ¿Y dónde estuvisteis?

QUINO: Nos fuimos a las fiestas de Macael. ¿Sabéis quiénes actuaron? Los Alcatraces.

JUANJO: Pues si contratan a esos inútiles, lo nuestro ya está hecho.°

FEDE: Sí, a este paso° lo tenemos claro.° Al bajo se le han roto dos cuerdas° esta semana. No tenemos ni un puñetero «ampli»,° y si el mamón° de Jorge no aparece con las pelas° esta noche vamos a tener que devolver esta porquería° de batería de segunda mano que nos hemos agenciado.°

ROSA: ¿Sabéis que vienen Iron Maiden a Madrid?

JUANJO: (*Muy entusiasmado.*) ¿Cuándo?

ROSA: Creo que en marzo.

desván... *attic or garret*
keyboard / *bass guitar*
canción
guys
estoy... *I'm a total wreck*
¿para... *what good is having friends?*
qué... *what lame excuse are you going to use on us now*
como... *if one doesn't keep in touch*
lo... *we're in good shape*
a... ahora / lo... *it's obvious*
se... *two strings have broken* / puñetero... *blessed amplifier*
jerk / pesetas (*coll.*)
junk
conseguido

JUANJO:	Hay que conseguir la pasta° como sea. Como no los vea este año me...	dinero (*coll.*)
ROSA, FEDE y QUINO:	¡Te cuelgas!° Sí, tío, ya lo sabemos. (*Se ríen todos.*)	¡Te... *You'll hang yourself!*
JUANJO:	¿Pasa algo?	
QUINO:	Perdona, pero es que no dices otra cosa y al final eres tú el único que se queda siempre sin ver nada.°	el... *the only one who doesn't get the joke*

Se oyen risas y ruidos.

ROSA:	Pero, ¿qué jaleo° traéis vosotros por la escalera°?	*racket / stairs*
JUANJO:	El Jorge, tíos, que ha encontrado «curro»° para todos y un contrato para que actuemos el mes que viene.	trabajo (*coll.*)
JORGE:	Que sí, macho,° que es verdad. Cuando venía para acá me he encontrado a mi tío el del café. Me ha dicho que quiere poner un chiringuito° en las fiestas de Cantoria este fin de semana y que cuenta con nosotros para que le echemos una mano.°	«hombre» (*coll.*) / un café al aire libre / le... le ayudemos
ROSA:	¿Y lo del contrato?	
JORGE:	Que a finales del mes que viene es la Semana de Música Joven y he visto° en la puerta del instituto un cartel del Ayuntamiento invitando a todo el que sepa hacer algo de ruido para que actúe. ¿Qué os parece, chicos?	he... vi
ROSA:	¡De película!°	¡De... ¡Fenomenal!
FEDE:	¿Y de pelas?	
JORGE:	De eso no decía nada el cartel. Pero supongo que por lo menos el transporte de los instrumentos lo pagarán. Y luego algo pillaremos° por ahí. Lo que importa es que podamos participar y que empiecen a conocernos. Luego ya veremos qué pasa. Por lo pronto° vamos a ensayar. ¡Venga!	algo... *we'll scrounge up something* / Por... Por el momento

Gritan todos con entusiasmo y comienzan a dar saltos de alegría a la vez° que van cogiendo sus instrumentos. — a... al mismo tiempo

TELÓN

¿QUÉ ENCONTRASTE?

ACTIVIDAD 1 Padres e hijos

▶ Entre Jorge y su padre no hay mucho entendimiento. Empareja las oraciones del Grupo A (del padre) con las del Grupo B (de Jorge) para describir algunas de las quejas que tienen los dos.

Grupo A

1. ____ A veces se olvida de que soy su padre y me grita.
2. ____ Le enseño a apreciar el dinero.
3. ____ Siempre me preocupo por la gente con quien anda.
4. ____ Tengo interés en sus relaciones con Marta.
5. ____ Me intereso por sus estudios.

Grupo B

Mi padre...

a. critica constantemente a mis amigos.
b. me riñe por las notas.
c. critica a mi novia.
d. nunca me escucha.
e. no me da suficiente dinero.

ACTIVIDAD 2 Entre amigos

▶ Cuando Jorge se reúne con sus amigos, parece ver el lado positivo de las cosas. Ahora empareja las oraciones del Grupo A con las del Grupo B para indicar cómo encuentran algo bueno en medio de sus problemas.

Grupo A

1. ____ Otro grupo, los Alcatraces, está tocando para las fiestas de Macael.
2. ____ Los *Metal Dreams* sólo pueden ganar dinero en un café al aire libre.
3. ____ El cartel para la Semana de Música Joven no menciona nada de dinero.

Grupo B

a. Pero les da a Jorge y a sus amigos la oportunidad para tocar en público.
b. Pero si han contratado a ellos, un grupo de calidad inferior, algún día van a contratar a los *Metal Dreams* también.
c. Pero así pueden pagar la batería y comprar cuerdas nuevas para el bajo.

Nombre ______________________ Fecha ______________

RITOS Y TRADICIONES

ESCRÍBELO TÚ

VOCABULARIO

ACTIVIDAD **Las etapas de la vida**

▶ Por lo general, ¿con qué etapa de la vida se relaciona cada uno de los sucesos o acciones a continuación? Escríbelo junto al período de la vida con que lo asocias tú. **¡Ojo!** Es posible asociar algunos con más de una etapa o incluso con toda la vida.

Ritos y tradiciones

el bautizo
la boda
una cena en honor del club de matemáticas
el cumpleaños
el Día de los Reyes Magos
el día del santo
la esquela
el funeral
jubilarse
la luna de miel
mandar flores
mandar tarjetas de Navidad
nacer
reunirse con la familia

la niñez: ______________________________

____

la juventud: ______________________________

____

la madurez: ______________________________

____

la vejez: ______________________________

____

toda la vida: ______________________________

____

¿CUÁNTO SABES YA?

AUTOPRUEBA

ACTIVIDAD **Los incas, antes y ahora**

▶ Escribe la forma correcta del pretérito o del imperfecto del verbo entre paréntesis.

Los incas, como los aztecas, ___________________[1] (tener) un vasto imperio. Su territorio ___________________[2] (encontrarse) en las altas montañas de los Andes. El imperio ___________________[3] (caer) en manos de los españoles en 1532. El conquistador Francisco Pizarro ___________________[4] (encontrar) grandes cantidades de oro que ___________________[5] (pertenecer) a los incas. Pizarro ___________________[6] (poner) en prisión al jefe de los incas. Ellos les ___________________[7] (entregar) mucho oro a los españoles, pero no ___________________[8] (poder) convencerlos a dejar a su jefe en libertad.

Los antiguos incas ___________________[9] (considerarse) hijos del sol, y hoy día sus descendientes aún preservan las tradiciones del pasado. El 21 de junio del año pasado, como todos los años, ___________________[10] (celebrar: ellos) en Cuzco el Inti Raymi. Ese día el sol ___________________[11] (estar) en su punto más lejos del Perú. Los incas ___________________[12] (ofrecer) sacrificios al sol para hacerlo volver del norte e ___________________[13] (hacer) muchos ritos para convencerlo a regresar.

Nombre ______________________ Fecha ______________

PRACTICA UN POCO

GRAMÁTICA

LO QUE PASÓ Y LO QUE TÚ HICISTE (PARTE 1)
Preterite of Regular Verbs: Events in the Past

Conexión gramatical
Estudia las páginas 94–95 en **¿Por qué lo decimos así?**

EJERCICIO 1 **Un año muy interesante**

▶ Carlos Sarmiento te cuenta del año que tuvo. Escribe la forma del pretérito de los verbos de la lista para completar su historia.

VOCABULARIO ÚTIL
taller *repair shop*

anunciar	empezar	salir	viajar
bautizar	pasar	terminar	visitar
casarse	recibir	tocar	

Fue un año muy interesante para mí y para mi familia. Mi hermana ________________[1] en mayo con su novio Jorge y ellos ________________[2] inmediatamente para su luna de miel. Primero ________________[3] a México y después ________________[4] algunos lugares de Centroamérica. Mi hermano y su esposa ________________[5] a Ramón, su nuevo bebé. Mi primo Germán ________________[6] su curso de mecánica y después de su graduación ________________[7] a trabajar en el taller del tío Claudio. Por primera vez yo ________________[8] la trompeta en la banda municipal y, en el otoño, ________________[9] del segundo equipo de fútbol de mi escuela al primero. En noviembre, yo ________________[10] una nueva bicicleta como regalo de cumpleaños. Y al fin del año, ¡mi hermana nos ________________[11] que iba a tener un niño!

LO QUE PASÓ Y LO QUE TÚ HICISTE (PARTE 2)
Preterite of Other Verbs: Events in the Past

Conexión gramatical
Estudia la página 98 en **¿Por qué lo decimos así?**

EJERCICIO 2 Las gemelas en el Caribe

María Cantú cuenta la historia del viaje que ella y Elena, su hermana gemela, hicieron al Caribe el verano pasado. Completa su historia con la forma correcta del pretérito de los verbos de la lista. **¡Ojo!** Es posible usar un verbo más de una vez.

andar	estar	poder	tener
dar	hacer	ponerse	traer
decir	ir	querer	

Primero mi hermana y yo ________________[1] a Puerto Rico. ¡Esa parte del viaje ________________[2] muy, muy bien! Nosotras ________________[3] una excursión por el Yunque, un bosque tropical, y luego ________________[4] por Ponce, una ciudad importante de Puerto Rico. Después de seis días en la Isla,

Nombre ______________________ Fecha ______________

__________[5] ir a Jamaica pero no __________[6] salir de San Juan porque el avión __________[7] un problema con el motor.

Entonces, decidimos separarnos. Yo le __________[8] a Elena que prefería ir a la playa, pero ella __________[9] un paseo por la ciudad. __________[10] el traje de baño y pasé el resto del día en la playa. Más tarde Elena __________[11] a la playa también y, además, ¡ __________[12] a unos amigos que conoció en la ciudad!

LO QUE PASABA Y LO QUE PASÓ
Imperfect versus Preterite

Conexión gramatical
Estudia las páginas 100–101 en **¿Por qué lo decimos así?**

EJERCICIO 3 ¿Un fantasma en casa?

▶ Anoche María, la hermana gemela, no pudo dormir porque pasaron algunas cosas raras. Completa su narración con verbos en el pretérito o el imperfecto, según cada oración.

VOCABULARIO ÚTIL	
tocar a la puerta	*to knock*
al principio	*at first*
habrá	*could there be*

Anoche, mientras yo __________[1] (leer) un libro, las luces de la casa se __________[2] (apagar). Yo __________[3] (tener) un poco de miedo y luego __________[4] (oír) que alguien __________[5] (tocar) a la puerta.

Mi hermana Elena me ________________[6] (decir) que en la casa ________________[7] (haber) fantasmas, pero al principio no lo ________________[8] (creer). Yo ________________[9] (decidir) ir a ver quién ________________[10] (estar) en la puerta. De repente la puerta se ________________[11] (abrir) pero no ________________[12] (ver) a nadie. ________________[13] (Ser) solamente el viento el que ________________[14] (hacer) abrir la puerta.

Yo ________________[15] (querer) volver al libro pero la casa todavía ________________[16] (estar) sin luces. ¿Habrá un fantasma en casa de verdad?

Nombre ______________________ Fecha ______________

HABLANDO DEL PASADO

EL PRETÉRITO Y EL IMPERFECTO

▶ Escribe un verbo de la lista en cada espacio para describir a la familia de la Garza.

bautizaron	empezó	explicó	quería
se casaron	era	fueron	tenía
dieron	eran	habló	tuvieron
se divertían	estaban	murió	vio

Doña Rosario le ________________[1] a Isabel que ________________[2] a su madre en la Catedral de Lima. Como le ________________[3] el nombre de Teresa, ella celebra el día de su santo el 15 de octubre. Cuando Teresa ________________[4] joven, ________________[5] a salir con sus amigos. Después de un tiempo ella y el padre de Isabel ________________[6]. Ellos ________________[7] una boda muy grande y después ________________[8] a Buenos Aires.

Doña Rosario también le ________________[9] de su marido, el abuelo de Isabel. Isabel ________________[10] una foto en la que doña Rosario y su marido ________________[11] montados en un carrusel. Parece que cuando ________________[12] jóvenes, ellos ________________[13] mucho. El marido nunca ________________[14] admitir cuántos años ________________[15]. Por desgracia, él ________________[16] demasiado joven.

LECTURA: CLAVE AL MUNDO HISPANO

SOBRE EL AUTOR Augusto Monterroso nació en Guatemala en 1921, pero desde 1944 reside en la Ciudad de México. Su obra literaria incluye ensayos, artículos y traducciones, pero él es mejor conocido por sus cuentos, que muchas veces más bien parecen fábulas. En sus cuentos tiende a describir, con ironía, la realidad de los países latinoamericanos.

A PROPÓSITO Este cuento trata de un perro que quiere convertirse en ser humano. Mientras lo leas, piensa en si se parece a una fábula o no. ¿Hay una moraleja al final del cuento? ¿Cuál es?

EL PERRO QUE DESEABA SER UN SER HUMANO

En la casa de un rico mercader° de la Ciudad de México, rodeado de comodidades° y de toda clase de máquinas, vivía no hace mucho tiempo un perro al que se le había metido en la cabeza° convertirse en un ser humano, y trabajaba con ahínco° en esto.

Al cabo de° varios años, y después de persistentes esfuerzos sobre sí mismo,° caminaba con facilidad en dos patas° y a veces sentía que estaba ya a punto de ser un hombre, excepto por el hecho de que no mordía,° movía la cola° cuando encontraba a algún conocido, daba tres vueltas° antes de acostarse, salivaba cuando oía las campanas° de la iglesia, y por las noches se subía a una barda° a gemir° viendo largamente a la luna.

mercader: *merchant*
rodeado... *surrounded by comforts*
al... *that had gotten it into its head*
ahínco: *zeal*
Al... Después de
esfuerzos... *efforts at self-control*
patas: pies (de los animales)
no... *he didn't bite*
cola: *tail*
daba... *he turned around three times*
campanas: *bells*
barda / gemir: *wall / moan*

Nombre Fecha

¿QUÉ ENCONTRASTE?

ACTIVIDAD **¿Qué dice el cuento?**

1. ¿Cuál es la mejor conclusión del cuento?
   a. Los perros pueden convertirse en seres humanos si persisten.
   b. Los perros nunca pueden convertirse en seres humanos.
   c. Este perro sí se convirtió en ser humano.

2. ¿Cuál de estas características animales retenía el perro, según el autor?
   a. Caminaba en cuatro patas.
   b. Mordía a los vecinos.
   c. Corría detrás de los coches.
   d. Comía comida de perros.
   e. Movía la cola al ver a una persona conocida.

3. ¿Cuál de estas características humanas poseía el perro?
   a. Caminaba en dos patas.
   b. Dormía en una cama.
   c. Comía comida de gente.
   d. Le interesaba la astronomía.
   e. Iba a la iglesia.

ACTIVIDAD 1 **Los parientes**

▶ Los niños muchas veces confunden los parentescos familiares. Éstos son algunos de sus errores más comunes. Escribe el parentesco correcto según las descripciones.

MODELO: La hermana de mi mamá *es mi hermana.* →
No, *es tu tía.*

bisabuelos
hermanastras
medio hermano
padrastro
sobrinos

1. Los abuelos de mi mamá *son mis abuelos.*

____

2. El hijo del segundo matrimonio de mi papá *es mi hermano.*

____

3. Las hijas del segundo esposo de mi mamá *son mis hermanas.*

____

4. El nuevo esposo de mi mamá *es mi papá.*

____

5. Los hijos de mi hermana mayor *son mis hermanos.*

____

ACTIVIDAD 2 **La realeza española**

▶ Mira con atención estas dos fotos de la familia real española y después contesta las preguntas.

VOCABULARIO ÚTIL

a lo mejor	*maybe*
probablemente	*probably*
Puede(n) estar	*It/They could be*
Puede ser que	*It could be that*

Las etapas de la vida: la niñez, la juventud, la madurez, la vejez

1. ¿Cuántas etapas de la vida están representadas en las fotos? ¿Cuáles son?

____

____

2. ¿Cuál es el parentesco que existe entre las personas de la primera foto? ¿y entre las personas de la segunda foto?

3. ¿Cuáles de estas personas se parecen entre sí?

CON TUS PROPIAS PALABRAS

▶ **Mi familia: antes y ahora.** Todos cambiamos con el paso de los años. Piensa en los miembros de tu familia. ¿Cómo eran hace diez años? ¿Cómo son ahora? ¿Qué les gustaba hacer antes? ¿Y qué hacen ahora? Escribe una composición sobre ellos.

Paso 1. Primero, organiza tus ideas. Usa las preguntas que siguen como guía. Si quieres, inventa otras categorías.

HACE DIEZ AÑOS

Miembros de la familia

¿Cuántos eran? ______

¿Quiénes eran? ______

¿Cómo eran su apariencia física y su personalidad? ______

¿Cuál era su estado civil? ______

Ocupación e intereses

¿Cuál era la ocupación de cada persona? ______

¿Qué otras cosas le gustaba hacer a cada uno/a? ______

¿Con qué frecuencia hacía cada uno/a estas actividades? ______

AHORA

Miembros de la familia

¿Cuántos son ahora? ______________________________

¿Quiénes son? ______________________________

¿Cómo son? ______________________________

¿Cuál es su estado civil? ______________________________

Ocupación e intereses

¿Cuál es la ocupación de cada persona? ______________________________

¿Qué otras cosas le gusta hacer a cada uno/a? ______________________________

¿Con qué frecuencia hace cada uno/a estas actividades? ______________________________

Paso 2. Ahora, escribe tu composición. Empieza con una descripción de cómo eran tus parientes hace diez años. Luego, describe cómo son ahora. Para terminar, escribe un breve párrafo que contesta las siguientes preguntas: ¿Ha cambiado mucho tu familia? ¿Hay más miembros ahora en tu familia o hay menos? ¿Qué piensas de estos cambios?

____

____

____

____

____

____

____

____

____

____

____

____

____

Nombre ______________________ Fecha ______________

PASAPORTE CULTURAL 2

Centroamérica

▶ Para hacer estas actividades, consulta el Pasaporte cultural 2 en las páginas 105–108 de tu libro.

ACTIVIDAD 1 ¿Cuánto sabes de Centroamérica?

▶ Escribe la opción correcta en el espacio.

1. El país de Centroamérica con el mayor número de habitantes es ____.
   a. Honduras b. Costa Rica c. Nicaragua d. ninguno de éstos

2. El país más pequeño de Centroamérica es ____.
   a. Panamá b. Costa Rica c. El Salvador d. ninguno de éstos

3. La «columna vertebral» de Centroamérica está formada por ____.
   a. montañas b. lagos c. volcanes d. huesos

4. En Centroamérica llueve ____.
   a. más en las costas caribeñas
   b. más en las costas del océano Pacífico
   c. igualmente en las dos costas
   d. más en las zonas cerca de México

5. En el lago de Nicaragua vive un tipo único de ____.
   a. serpiente
   b. quetzal
   c. ballena
   d. tiburón

6. El Petén fue el centro de la cultura ____.
   a. azteca b. tolteca c. inca d. maya

ACTIVIDAD 2 La cocina y las tradiciones

▶ Escribe oraciones completas para contestar las siguientes preguntas.

1. ¿Cuál es un plato típico centroamericano y con qué se sirve? Piensa en un plato «típico» del estado en que tú vives. ¿Es similar al plato centroamericano o es diferente?

____

____

____

2. Imagínate que estás en Antigua, Guatemala, durante la Semana Santa. Menciona tres cosas que observas en las calles o tres actividades en las cuales la gente puede participar.

____

____

____

ACTIVIDAD DE REPASO Los datos esenciales

▶ Repasa las secciones de Datos esenciales de los Pasaportes culturales sobre México y Centroamérica. Después, escribe la opción correcta en el espacio.

1. San José es la capital de ____.
   a. Guatemala b. Honduras c. Panamá d. Costa Rica

2. La moneda que se usa en México es ____.
   a. el peso b. el quetzal c. el colón d. el córdoba

3. La nación de Centroamérica que tiene mayor población es ____.
   a. Guatemala b. Honduras c. El Salvador d. Panamá

4. Una república democrática, unitaria y representativa es ____.
   a. México b. Panamá c. Guatemala d. El Salvador

5. Los idiomas español y misquito se hablan en ____.
   a. Nicaragua b. México c. Panamá d. Honduras

Nombre _______________ Fecha _______________

▶ Para hacer estas actividades, consulta el Clásico ilustrado 1 en las páginas 109–112 de tu libro.

ACTIVIDAD 1 ¿Qué pasó primero?

▶ Pon números (del 1 al 9) en los espacios en blanco para indicar el orden de la creación según el *Popol Vuh*.

____ los hombres de harina

____ el sol

____ los hombres de lodo

____ las plantas

____ los animales

____ la separación del mar y el cielo

____ la tierra

____ las montañas y los ríos

____ los hombres de madera

ACTIVIDAD 2 ¡Manos a la obra!

▶ Los dioses trataron cuatro veces de crear a los hombres. Completa el siguiente cuadro sobre sus fracasos y, por fin, su éxito.

Creación	**Problema y resultado**
Animales	No sabían hablar y por eso los dioses los abandonaron.
Hombres de lodo	______________________________ ______________________________

Creación	Problema y resultado
Hombres de madera	______________________________
	______________________________
Hombres de ___________	Eran los hombres que establecieron la cultura humana.

ACTIVIDAD 3 Interpretación del mito

▶ Los mitos inventados para explicar la creación de un pueblo siempre tienen relación con su realidad histórica y cultural. Piensa en este hecho para contestar las siguientes preguntas.

1. ¿Qué papel tendrán los animales en la civilización de los maya-quiché?

   ____

2. ¿Cuál será el papel del lodo y de la madera según esta historia de la creación?

   ____

3. ¿Qué alimento tendrá mucha importancia para las culturas indígenas?

   ____

ACTIVIDAD 4 El mundo moderno

▶ ¿Tienen los elementos de la Actividad 3 la misma importancia para nuestra cultura? ¿Es diferente nuestra actitud hacia esos elementos? ¿De qué forma? En una hoja de papel aparte, escribe un párrafo sobre la razón por la cual esos elementos tienen (o no tienen) un papel tan importante en el mundo moderno.

Nombre ______________________ Fecha ______________

EL MUNDO EN QUE VIVIMOS

ESCRÍBELO TÚ

VOCABULARIO

ACTIVIDAD **La geografía de los Estados Unidos**

▶ ¿Conoces bien los Estados Unidos? Completa estas oraciones con las palabras apropiadas de la lista.

VOCABULARIO ÚTIL
gozar de *to enjoy*

un camino	las haciendas	un puerto
la cordillera	la naturaleza	los recursos naturales
la costa	occidental	un volcán

1. Por su nombre, Gulfport, se sabe que este lugar en el estado de Misisipí es ______________________.
2. En el Parque Nacional de Yellowstone en Wyoming, se puede gozar de lo que ofrece ______________________.
3. Boston y la Ciudad de Nueva York se encuentran en ______________________ oriental de los Estados Unidos.

4. En cambio, San Francisco y Seattle se encuentran en la costa

_________________________.

5. Para viajar de Wichita, Kansas, a Denver, Colorado, se cruza

_________________________ llamada las Montañas Rocosas.

6. En el estado de Washington se encuentra

_________________________ llamado Mt. St. Helens.

7. A Silver City, Nevada, y a Carbondale, Pensilvania, les dio su nombre

por _________________________ que se encuentran allí.

8. «La Ruta 66» es _________________________ muy famoso de los Estados Unidos.

9. A Nueva Jersey se le llama «El estado de los jardines» por los muchos

vegetales que se cultivan en _________________________.

Nombre _______________ Fecha _______________

¿CUÁNTO SABES YA?

AUTOPRUEBA

ACTIVIDAD ¡Mañana lo vamos a cantar!

▶ Escribe la forma apropiada del verbo entre paréntesis en el tiempo presente. Después, escribe la oración con la forma correcta de **ir a** y un pronombre directo. Sigue el modelo.

MODELO: Mañana _______________ el himno nacional. (Eduardo / cantar) →
Mañana *Eduardo canta* el himno nacional.
Mañana *lo va a cantar*.

1. El lunes _______________ una presentación sobre el Ecuador. (yo / hacer)

   ____

2. Esta noche _______________ mis apuntes del viaje. (yo / estudiar)

   ____

3. Después _______________ un borrador de la presentación. (yo / escribir)

   ____

4. Mañana _______________ la presentación. (la clase / escuchar)

   ____

5. El martes me _______________ la presentación. (el profesor / devolver)

   ____

NUNCA SE SABE LO QUE PASARÁ
The Future Tense

Conexión gramatical
Estudia las páginas 130–131 en **¿Por qué lo decimos así?**

EJERCICIO 1 Posibilidades

▶ Completa las oraciones del Grupo A con la forma apropiada de una frase del Grupo B para hablar de algunas posibilidades futuras. Hay más de una posibilidad en cada caso.

MODELO: Si tengo diez dólares, *iré al cine*.

VOCABULARIO ÚTIL
regalar *to give* (*as a gift*)

Grupo A

1. Si gano la lotería, ______.
2. Si encuentro un buen trabajo, ______.
3. Si mis padres me regalan un perro, ______.
4. Si mis padres salen de viaje, ______.
5. Si me gradúo en junio, ______.
6. Si voy al centro comercial con mis amigos, ______.
7. Si asisto a la universidad el año que viene, ______.

Grupo B

buscar un coche nuevo
comprar ropa nueva
ganar mucho dinero
haber una fiesta en mi casa
ir al cine
llevarlo a pasear
salir de esta ciudad
tener un verano agradable
viajar por todo el mundo
vivir en una casa muy grande

Nombre ______________________ Fecha ______________

EJERCICIO 2 En una isla tropical

▶ Imagínate que algún día vivirás con tu futura familia en una isla tropical. Completa las oraciones con la forma correcta del verbo apropiado en el futuro y con la información apropiada. ¡Usa tu imaginación!

VOCABULARIO ÚTIL

la balsa	*raft*
la banana	*banana*
la canoa	*canoe*
la choza	*hut*
hacer buen tiempo / sol	*to be nice weather / sunny*
la hamaca	*hammock*
la langosta	*lobster*
el loro	*parrot*
el mango	*mango*
los pantalones cortos	*shorts*
la papaya	*papaya*
el pescado	*fish*
la tortuga	*tortoise, turtle*
el traje de baño	*bathing suit*
la vivienda	*housing*

MODELO: Nosotros *viviremos* en *Tahití*.
(nombre de una isla)

comer	ir	tener
dormir	llevar	vivir
hacer		

1. Nosotros ______________ en ______________.
(tipo de vivienda)

2. Nosotros ______________ ______________ todos los días.
(artículo de ropa)

3. Mis hijos ______________ a la escuela en ______________.
(tipo de transporte)

4. Yo ______________ ____________________ de mascota.
(tipo de animal)

5. Por la noche, mi familia ______________ en
____________________.
(cosa para dormir)

6. ¿Qué tiempo ______________ allí? Creo que
____________________ casi todo el año.
(tiempo)

7. La familia ______________ bastante(s)
____________________.
(algo de comer)

¿LA TAREA? YA SE LA DI A USTED. Direct, Indirect, and Double Object Pronouns (Review)

Conexión gramatical
Estudia la página 133 en **¿Por qué lo decimos así?**

EJERCICIO 3 **Los regalos**

▶ Escribe oraciones sobre algunas cosas que les regalaste a tus amigos y parientes o que te regalaron ellos a ti. Los dibujos indican el primer regalo de cada serie. Sigue los modelos.

VOCABULARIO ÚTIL
el diamante *diamond*

1. MODELO: la guitarra →
¿La guitarra? *La compré* en la tienda de música y *se la regalé* a mi hermano (a mi prima, etcétera).

a.

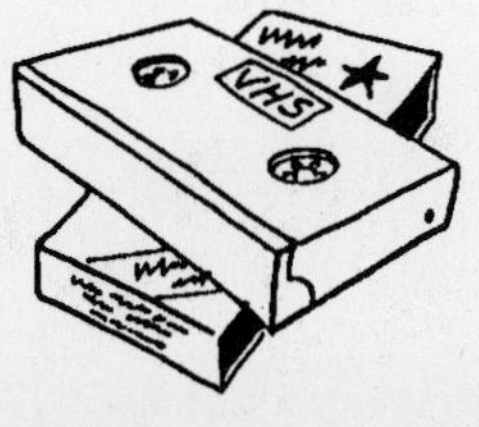

b. las corbatas

c. los discos compactos

Nombre ______________________ Fecha ______________

a. ______________________

b. ______________________

c. ______________________

2. MODELO: el suéter →
¿El suéter? *Me lo regaló* mi amiga (mi abuelo, etcétera). *Lo compró* en un almacén.

a.

b. las sandalias

c. el diamante

a. ______________________

b. ______________________

c. ______________________

3. MODELO: los libros →
¿Los libros? *Nos los mandaron* los vecinos (mis tíos, etcétera). *Los compraron* en la librería.

a.

b. las flores

c. el jamón

a. ______________________

b. ______________________

c. ______________________

EJERCICIO 4 ¿A quiénes les recomiendas ese juego?

▶ Contesta las siguientes preguntas, usando pronombres dobles cuando es posible. Sigue el modelo.

VOCABULARIO ÚTIL

hacer regalos	*to give gifts*
devolver (ue)	*to return (something)*

MODELO: ¿Quién les hace regalos a tus abuelos? ¿Qué les da? →
Mi hermana y yo *se los* hacemos. Les damos boletos de teatro.

1. ¿A quién le escribes cartas con frecuencia? ¿Sobre qué le escribes?

   ____

2. ¿Quién te enseñó el alfabeto en español? ¿Fue fácil o difícil aprenderlo?

   ____

3. ¿A qué juego jugaste recientemente? ¿A quién se lo recomiendas?

   ____

4. ¿Quién les prepara el almuerzo a ustedes? ¿Qué les prepara?

   ____

5. ¿Quién te dice mentiras? ¿Por qué hace eso?

   ____

6. ¿A quién(es) le(s) prestas tus discos compactos? ¿Siempre te los devuelve(n) en buenas condiciones?

   ____

7. ¿Quién les trae galletitas a ti y a tu familia? ¿Son compradas o hechas en casa?

   ____

8. ¿A quién le lees la poesía? ¿Por qué lo haces?

   ____

Nombre _______________ Fecha _______________

HABLANDO DEL PASADO

EL PRETÉRITO Y EL IMPERFECTO

▶ Carlos acaba de volver de un viaje al Ecuador. Ahora tiene que hacer una presentación sobre su viaje en su clase de español. Completa las oraciones con el verbo apropiado de la lista.

dijo	había	se cultivaba
encontré	hice	se veía
eran	pasé	tenía
estaba	salí	visité
fui		

Pues, yo ________[1] primero a Quito, la capital del país. Al llegar ________[2] que la ciudad ________[3] situada al pie de un volcán activo. En las calles y aceras de la ciudad ________[4] mucha actividad y ________[5] mucha gente por todas partes. Me ________[6] un guía que los indios del Ecuador ________[7] muy buenos artesanos.

Durante el viaje, ________[8] una excursión por el interior del país. Primero ________[9] por la costa, que ________[10] playas muy bonitas. También ________[11] fincas donde ________[12] el banano. Luego ________[13] la ciudad de Guayaquil, el puerto principal del Ecuador. De allí ________[14] de vuelta hacia los Estados Unidos.

LECTURA: CLAVE AL MUNDO HISPANO

SOBRE EL AUTOR El escritor argentino Jorge Luis Borges (1899–1986) es considerado uno de los mejores escritores del siglo XX. Escribió muchos cuentos de tipo fantástico y filosófico.

A PROPÓSITO La historia de los indios de la Argentina es semejante a la historia de los indios de los Estados Unidos. En el siglo XIX había muchos conflictos en la frontera entre la comunidad europea y la indígena. Estos conflictos forman el tema principal de este cuento.

EL CAUTIVO

En Junín o en Tapalqué° refieren la historia. Un chico desapareció después de un malón;° se dijo que lo habían robado los indios. Sus padres lo buscaron inútilmente; al cabo° de los años, un soldado que venía de tierra adentro° les habló de un indio de ojos celestes° que bien podía ser su hijo. Dieron al fin con él° (la crónica ha perdido las circunstancias y no quiero inventar lo que no sé) y creyeron reconocerlo. El hombre, trabajado por el desierto y por la vida bárbara, ya no sabía oír las palabras de la lengua natal,° pero se dejó conducir, indiferente y dócil, hasta la casa. Ahí se detuvo,° tal vez porque los otros se detuvieron. Miró la puerta, gritó, atravesó corriendo el zaguán° y los dos largos patios y se metió° en la cocina. Sin vacilar, hundió° el brazo en la ennegrecida campana° y sacó el cuchillito de mango de asta° que había escondido allí, cuando chico. Los ojos le brillaron de alegría y los padres lloraron porque habían encontrado al hijo.

Acaso° a este recuerdo siguieron otros, pero el indio no podía vivir entre paredes° y un día fue a buscar su desierto. Yo querría saber qué sintió en aquel instante de vértigo en que el pasado y el presente se confundieron; yo querría saber si el hijo perdido renació° y murió en aquel éxtasis o si alcanzó a° reconocer, siquiera como una criatura° o un perro, los padres y la casa.

Junín... *two Argentinian cities formerly on the frontier*
Indian raid
al... al fin
de... del interior / azules
Dieron... Por fin lo encontraron

nativa
se... *he stopped*
atravesó... *ran across the hall* / se... entró en
Sin... *Without hesitating, he plunged* / la... *the blackened fireplace hood*
cuchillito... *horn-handled knife*
Tal vez
entre... *in a confined area*

was reborn
alcanzó... *he managed* / bebé

Nombre ____________________ Fecha ____________________

¿QUÉ ENCONTRASTE?

ACTIVIDAD ¿Qué pasó?

▶ Indica si las siguientes oraciones son ciertas (C) o falsas (F).

1. ____ El chico desapareció después de una tormenta.
2. ____ Creían que era él porque tenía los ojos azules.
3. ____ El autor no sabe cómo lo encontraron.
4. ____ Sabían que era él porque hablaba español perfectamente.
5. ____ El indio vino a casa con los padres sin protestar.
6. ____ El indio encontró un cuchillo en la iglesia.
7. ____ Estaba contento de quedarse en su casa familiar.
8. ____ No estaba acostumbrado a vivir al aire libre.
9. ____ Volvió a vivir en el desierto.
10. ____ No sabemos cuánto recordó de su vida con sus padres.

Nombre ______________________ Fecha ______________

EL MEDIO AMBIENTE

ESCRÍBELO TÚ

VOCABULARIO

ACTIVIDAD 1 «¡No tire usted la basura!»

▶ Mira los dibujos y completa la oración que se refiere a cada uno. Usa la forma correcta del presente de los verbos de la lista.

VOCABULARIO ÚTIL

el letrero *sign*
descuidada *careless*

advertir	mantener	reciclar
malgastar	prohibir	tirar

1. Se __________________ tirar basura de los vehículos.

2. Los letreros __________________ que es prohibido hacerlo.

3. Sin embargo, hay gente descuidada que __________________ la basura en las carreteras.

4. Por eso, hay grupos de voluntarios que __________________ limpias las carreteras.

5. El Club de Inglés __________________ las latas y las botellas.

6. ¡Qué bien! Ellos no __________________ sus esfuerzos.

ACTIVIDAD 2 En mi opinión

▶ ¿Qué opinas tú sobre el medio ambiente? Escribe tus opiniones usando las palabras de la lista u otras, si quieres.

MODELO: No me gusta vivir donde hay mucha contaminación.

la contaminación	el ecosistema	el medio ambiente
la destrucción	la especie en peligro	la política
la ecología	la ley	el reciclaje

1. ____

2. ____

3. ____

4. ____

5. ____

6. ____

7. ____

Nombre ______________________ Fecha ______________

¿CUÁNTO SABES YA?

AUTOPRUEBA

ACTIVIDAD 1 Los gustos

Contesta las siguientes preguntas según tus preferencias. ¡Di la verdad!

MODELO: ¿Qué te gustaría hacer más, acampar en un parque o ir a un hotel de cinco estrellas? → *Me gustaría* más ir a un hotel.

1. ¿Qué les gustaría hacer más a ti y a tus amigos, mirar un video o ir a una fiesta el sábado?

   ____

2. ¿Qué te gustaría hacer más, comer en casa o ir a un restaurante?

   ____

3. ¿Qué crees que le gustaría hacer más a tu profesor(a), leer una novela o ver una película? ______________________________

ACTIVIDAD 2 Los dolores

▶ Usa las frases entre paréntesis para formar oraciones sobre los dolores de algunas personas.

MODELO: (mi abuelo / el pie) → A mi abuelo siempre *le duele* el pie.

1. (Jorge / los dientes) ______________________________
2. (la autora / la mano) ______________________________
3. (los críticos de películas / los ojos) ______________________________

   ____

4. (los estudiantes / la cabeza) ______________________________

   ____

¿QUÉ PASARÍA SI YO... ?
The Conditional Tense

Conexión gramatical
Estudia las páginas 151–152 en **¿Por qué lo decimos así?**

EJERCICIO 1 ¿Qué hago yo?

▶ Imagínate que tu amigo siempre te busca cuando tiene problemas urgentes. Usa la forma correcta del condicional de los verbos entre paréntesis y otras palabras para hacerle sugerencias.

VOCABULARIO ÚTIL	
apuntar	*to note, jot down*
bolsillo	*pocket*
quitar	*to take away*

MODELO: ¡Perdí las llaves del auto! ¿Qué hago? (buscar) →
Yo las *buscaría* en el bolsillo de la chaqueta.

1. ¡Tengo un frío terrible! ¿Qué hago? (ponerse)

____

2. ¡Voy a llegar tarde! ¿Qué hago? (darse prisa)

____

3. ¡Me robaron la computadora! ¿Qué hago? (llamar)

____

4. ¡No tengo la tarea —se la comió el perro! ¿Qué hago? (decírselo)

____

Nombre _______________ Fecha _______________

5. ¡Siempre se me olvida de que tengo una reunión los lunes! ¿Qué hago? (apuntar)

____

6. ¡Tengo una «D» en esta clase! ¿Qué hago? (estudiar)

____

7. ¡El banco me va a quitar el coche! ¿Qué hago? (pagar)

____

8. ¡Tengo demasiadas latas y botellas en casa! ¿Qué hago? (reciclar)

____

EJERCICIO 2 ¿Cómo sería la vida allí?

▶ Escoge uno de estos tres lugares para vivir: el Monte Everest, el Polo Sur, la luna. Imagínate cómo sería vivir en ese lugar. Completa cada pregunta con la forma correcta del verbo indicado en el condicional. Luego, contesta la pregunta, usando el mismo verbo u otro, también en el condicional. ¡Usa tu imaginación!

MODELO: ¿Cuál de los tres lugares *escogerías* tú? (escoger) → *Escogería* el Polo Sur.

1. ¿Cuál de los tres lugares _______________ tú? (escoger)

____

2. ¿Cómo _______________ tu pueblo? (llamarse)

____

3. ¿De qué materia _______________ tu casa? (hacer)

____

4. ¿Qué tipo de ropa _______________ tú y tu familia? (llevar)

____

5. ¿Qué animales __________________ en ese lugar? (vivir)

____

6. ¿Qué tipo de transporte __________________ tú? (tener)

____

7. ¿Qué tiempo __________________ allí? (hacer)

____

8. ¿Cómo __________________ los indígenas? (ser)

____

9. ¿Qué cosa __________________ tú con frecuencia? (comer)

____

10. ¿Qué __________________ hacer tus hijos para divertirse? (poder)

____

¡ME DUELE LA CABEZA!
Verbs like *gustar*

Conexión gramatical
Estudia las páginas 154–155 en **¿Por qué lo decimos así?**

EJERCICIO 3 Gustos diferentes

▶ Usa los verbos de la lista y las cosas y los dibujos que aparecen a continuación para formar oraciones sobre los gustos, las preferencias, etcétera, de las siguientes personas.

MODELO: A mi amigo/a *le fascina* la televisión.

Personas	Verbos	
a mi amigo/a	dar miedo	importar
al director (a la directora) de la escuela	dar risa	interesar
a mi hermano/a	disgustar	irritar
a mi maestro/a	encantar	molestar
a mi novio/a	enojar	preocupar
a mis padres	faltar	quedar
¿ ?	fascinar	sorprender

Nombre ______________________ Fecha ______________

Cosas

la arena de la playa	las películas románticas	las vacaciones
los consejos	(del oeste, de terror)	los viajes
el dinero para el cine	el reciclaje	¿ ?
la naturaleza	el ruido en el pasillo	

1. ______________________________
2. ______________________________
3. ______________________________
4. ______________________________
5. ______________________________
6. ______________________________
7. ______________________________
8. ______________________________
9. ______________________________
10. ______________________________

HABLANDO DEL PASADO

EL PRETÉRITO Y EL IMPERFECTO

▶ Carlos Becerro debe hablarles a sus compañeros de clase sobre la carta que recibió de unos estudiantes de Costa Rica. Completa su presentación con verbos o frases de la lista.

admiraban	era	presentaba	recibí
advirtieron	escribieron	prohibían	tenían
decidieron	había	protegían	
dijeron	preguntaron	querían	

Ayer ________________[1] una carta de unos estudiantes de Costa Rica. Ellos la ________________[2] porque ________________[3] decirnos que ________________[4] lo que hacemos en los Estados Unidos para conservar el medio ambiente. ________________[5] también que la contaminación ________________[6] una amenaza muy seria en su país. Hace unos años, los ecólogos les ________________[7] que ________________[8] destrucción de las selvas. Entonces, los costarricenses ________________[9] convertirlas en parques nacionales. También adoptaron leyes que ________________[10] los ecosistemas y que ________________[11] su destrucción. Dijeron que ________________[12] también necesario proteger las especies en peligro de desaparecer y que también ________________[13] que enseñar a la gente a no malgastar los recursos naturales. Al final ________________[14] sobre lo que hacemos en favor del medio ambiente.

Nombre ______________________ Fecha ______________

LECTURA: CLAVE AL MUNDO HISPANO

A PROPÓSITO Ésta es otra de las *Odas elementales* de Pablo Neruda. Igual que «Oda a la tormenta», esta oda tiene como tema una cosa ordinaria: el tomate, fruta indígena de América.

«ODA AL TOMATE»

La calle
se llenó de tomates,
mediodía,
verano,
la luz
se parte[1]
en dos
mitades
de tomate,
corre
por las calles
el jugo.
En diciembre
se desata[2]
el tomate,
invade
las cocinas,
entra por los almuerzos,
se sienta
reposado[3]
en los aparadores,[4]
entre los vasos,
las mantequilleras,[5]
los saleros[6] azules.
Tiene
luz propia,
majestad benigna.
Debemos, por desgracia,
asesinarlo:[7]
se hunde
el cuchillo[8]
en su pulpa viviente,
es una roja
víscera,
un sol
fresco,
profundo,
inagotable,[9]
llena las ensaladas
de Chile,
se casa alegremente
con la clara cebolla,
y para celebrarlo
se deja
caer
aceite,
hijo
esencial del olivo,
sobre sus hemisferios entreabiertos,[10]
agrega[11]
la pimienta
su fragancia,
la sal su magnetismo:
son las bodas
del día,
el perejil[12]
levanta
banderines,[13]
las papas
hierven[14] vigorosamente,
el asado[15]
golpea
con su aroma
en la puerta,
¡es hora!
¡vamos!

[1]se... *is split* [2]se... *is released* [3]descansando [4]*countertops* [5]*butter dishes* [6]*salt shakers* [7]matarlo [8]se... *the knife is plunged* [9]*inexhaustible* [10]*split* [11]*adds* [12]*parsley* [13]*flags* [14]*boil* [15]*roast*

y sobre
la mesa, en la cintura
del verano,
el tomate,
astro[16] de tierra,
estrella
repetida
y fecunda,
nos muestra
sus circunvoluciones,[17]
sus canales,
la insigne plenitud[18]
y la abundancia
sin hueso,[19]
sin coraza,[20]
sin escamas ni espinas,[21]
nos entrega
el regalo
de su color fogoso[22]
y la totalidad de su frescura.[23]

[16]estrella [17]*convolutions* [18]insigne... *excellent fullness* [19]*pit* [20]*husk* [21]sin... *without scales or thorns* [22]*fiery* [23]*freshness*

¿QUÉ ENCONTRASTE?

ACTIVIDAD **¿Cómo son los tomates?**

1. ¿Cómo se explica que el autor hable del verano cuando es diciembre?

____

2. ¿En qué actividades «humanas» participan los tomates?

____

ACTIVIDAD 1 **¿Dónde jugarán los niños?**

▶ Ésta es la letra de la canción «¿Dónde jugarán los niños?», compuesta por «Maná», un grupo de cantantes mexicanos muy popular. Ellos se preocupan mucho por el futuro de nuestro planeta. Lee la letra de la canción y después contesta las preguntas.

Nombre ______________________ Fecha ______________________

¿DÓNDE JUGARÁN LOS NIÑOS?

Cuenta el abuelo que de niño
él jugó entre árboles y risas y alcatraces° de color, — pelicans
recuerda un río transparente y sin olor,
donde abundaban° peces, no sufrían ni un dolor. — were abundant
Cuenta el abuelo de un cielo muy azul,
en donde él voló papalotes° que él mismo construyó. — kites
El tiempo pasó y nuestro viejo ya murió.
Y hoy me pregunté después de tanta destrucción:
¿Dónde diablos jugarán los pobres niños?
¡Ay, ay, ay! ¿En dónde jugarán?
Se está pudriendo° el mundo — rotting
Ya no hay lugar
La tierra está a punto de° partirse en dos — a... about to
El cielo ya se ha roto,° ya se ha roto — se... has been torn apart
el llanto° gris. — wail
La mar vomita ríos de aceite sin cesar.° — stopping
Y hoy me pregunté, después de tanta destrucción,
¿dónde diablos jugarán los pobres nenes?
¡Ay, ay, ay! ¿En dónde jugarán?
Se está partiendo el mundo, ya no hay lugar.

1. ¿Cómo eran los ríos cuando el abuelo era niño?

____

2. ¿Cómo era el cielo?

____

3. ¿Qué le está pasando al mundo?

____

4. ¿Cuál es el problema con el mar?

____

5. ¿Qué les preocupa a los cantantes?

____

ACTIVIDAD 2 ¡Un ecoloco!

En nuestra sociedad hay personas locas e irresponsables. Ésta es la carta de un hombre que odia la naturaleza y lo limpio. Léela y después corrige sus locuras. Usa las palabras de la lista.

MODELO: Aquí estamos para planear la *destrucción* del medio ambiente. →
Aquí estamos para planear la *protección* del medio ambiente.

conservar	más	proteger
cultivar	menos	reciclar
limpiar	prohibir	
limpio	protección	

Queridos destructores del planeta Tierra:

Aquí estamos para planear la *destrucción*[1] del medio ambiente. Primero, será necesario *contaminar*[2] el aire. Para hacer esto, tendremos que *cortar*[3] más árboles. También, tendremos que *tirar*[4] más basura, especialmente objetos de plástico y papel. Tendremos que *matar*[5] todas las especies de animales en peligro de desaparacer. Necesitaremos construir *más*[6] casas y *menos*[7] parques. Debemos *malgastar*[8] la gasolina. Tendremos que *mantener*[9] la destrucción de los recursos naturales. Lo que necesitamos es un mundo *sucio*.[10]

Sinceramente,

El ecoloco

1. ______________________ 6. ______________________

2. ______________________ 7. ______________________

3. ______________________ 8. ______________________

4. ______________________ 9. ______________________

5. ______________________ 10. ______________________

Nombre ______________________ Fecha ______________________

CON TUS PROPIAS PALABRAS

▶ **Un mundo mejor.** Todos nos preocupamos por el futuro de nuestro planeta. ¿Qué harás tú para salvarlo? Habla de tus planes.

Paso 1. Primero, contesta las siguientes preguntas con oraciones completas. Puedes escribir más de una idea si crees que es necesario.

1. ¿Cómo será nuestro planeta dentro de diez años si nadie lo protege?

   ____

2. ¿Cómo será el medio ambiente?

   ____

3. ¿Cómo mantendrás tú el aire limpio?

   ____

4. ¿Cómo protegerás los bosques?

   ____

5. ¿Cómo salvarás los animales en peligro de desaparecer?

   ____

6. ¿Qué harás para evitar que se contaminen los ríos, lagos y océanos?

   ____

7. ¿Qué cosas prohibirás?

   ____

8. ¿Qué leyes implementarás?

   ____

9. ¿Con quién(es) hablarás para alcanzar tus objetivos?

____

10. ¿Cómo será nuestro planeta si logras estos objetivos?

____

Paso 2. Ahora, escribe tus respuestas en el orden en que las escribiste. Haz cualquier cambio necesario para tener una buena composición.

MODELO: Si nadie cuida nuestro planeta, tendremos muchos problemas. No podremos bañarnos en las aguas de los océanos. No habrá suficientes árboles para purificar el aire. El aire estará contaminado...

____

____

____

____

____

____

____

____

____

____

____

____

____

____

____

Nombre ______________________ Fecha ______________

PASAPORTE CULTURAL 3

La zona andina

▶ Para hacer estas actividades, consulta el Pasaporte cultural 3 en las páginas 161–164 de tu libro.

ACTIVIDAD 1 ¿Cuánto sabes de la zona andina?

▶ Escribe la opción correcta en el espacio.

1. En los Andes hay ____ especies de camellos americanos.
   a. 2 b. 3 c. 4 d. 5

2. La zona amazónica del Perú ocupa el ____ por ciento del territorio de ese país.
   a. 6 b. 16 c. 66 d. 60

3. El español, el quechua y el aimará son idiomas oficiales de ____.
   a. Chile y el Ecuador
   b. el Perú y Bolivia
   c. Bolivia y el Ecuador
   d. el Ecuador y el Perú

4. ____ es el país más poblado de esta región.
   a. Bolivia b. Chile c. El Perú d. El Ecuador

5. El Perú tiene costas en ____.
   a. el océano Pacífico b. el océano Atlántico c. a y b d. ni a ni b

6. El lago Titicaca está situado entre ____.
   a. el Perú y Bolivia b. Bolivia y el Ecuador c. Bolivia y Chile d. Chile y el Perú

ACTIVIDAD 2 Las bellas artes

▶ Indica si las oraciones son ciertas (C) o falsas (F) o si no se dice nada sobre ellas (ND).

1. ____ La ropa típica de los músicos andinos son pantalones vaqueros y una camiseta.
2. ____ El harpa, instrumento que se usa en la música folklórica andina, es de origen español.
3. ____ El autor chileno Pablo Neruda ganó el Premio Nobel de Literatura.
4. ____ Las flautas y los instrumentos de percusión que se usan en la música folklórica andina son de origen español.
5. ____ César Vallejo era un poeta chileno del siglo XIX.
6. ____ Se usa bambú en la construcción de las flautas típicas de los músicos andinos.

ACTIVIDAD 3 La cocina y los lugares de interés

▶ Contesta las siguientes preguntas con oraciones completas.

1. ¿Cómo se prepara un buen cebiche? ¿Con qué se sirve?

____

____

____

2. ¿Quiénes van a las islas Galápagos? ¿Qué ven allí?

____

____

____

Nombre ______________________ Fecha ______________

UNIDAD 3
¿INFLUYEN EN TI LAS IMÁGENES POPULARES?

LECCIÓN 1

MÁS ALLÁ DE LAS IMÁGENES

ESCRÍBELO TÚ

VOCABULARIO

ACTIVIDAD **Respuestas**

▶ Imagínate que un amigo / una amiga te dice las siguientes cosas. ¿Qué le responderías tú en cada caso? Completa las oraciones con una palabra o expresión de la lista.

MODELO: AMIGO/A: Necesito comprar alguna ropa muy elegante.
TÚ: Te *aconsejo* que vayas a una tienda de moda.

aconsejo	escoger	segura de sí misma
caes bien	estaban de moda	tratas de
chismeas	estrenas	la última moda
es lástima que	juzgar	

1. AMIGO/A: Soy como soy, y no me dejo influir por la opinión de los demás.
   TÚ: Obviamente, eres una persona ______________________.
2. AMIGO/A: Este año el color preferido de los diseñadores de ropa es azul.
   TÚ: ¡Ah! Tú siempre sabes cuál es ______________________.

3. AMIGO/A: ¡No tengo nada que ponerme para la escuela mañana!

TÚ: ¡Sí tienes! ¿Por qué no __________________ el conjunto que compraste hace una semana?

4. AMIGO/A: Dicen que la novia de Jorge pronto va a romper con él.

TÚ: ¡No me gusta cuando __________________ de las otras personas!

5. AMIGO/A: Anoche conocí a los padres de mi novio/a, y no sé si hice una buena impresión o no.

TÚ: ¡No te preocupes! Tú siempre les __________________ a los adultos.

6. AMIGO/A: (*En una tienda de ropa*) ¿Qué zapatos te gustan más, los blancos o los verdes?

TÚ: ¿Cuáles te gustan más a ti? Yo no puedo ______________

__________________ tus cosas.

7. AMIGO/A: ¡Huy! La nueva profesora de matemáticas tiene cara de antipática. Seguro que ella es muy estricta.

TÚ: No debes __________________ tanto a la gente. Es probable que ella sea muy simpática.

8. AMIGO/A: El viernes tengo que trabajar hasta las once de la noche.

TÚ: ¡________________________ no puedas venir a la fiesta!

9. AMIGO/A: ¿Crees que debo ponerme estos pantalones?

TÚ: ¡Ay, no! Tal vez ________________________ en los años setenta, pero ya no. Ponte algo más moderno.

10. AMIGO/A: ¡No sé qué hacer! Me han invitado a tres fiestas para el sábado, y todos empiezan a la misma hora.

TÚ: ¿Por qué no __________________ asistir a todas, pero no quedarte por mucho tiempo en ninguna?

Nombre ______________________ Fecha ______________

¿CUÁNTO SABES YA?

AUTOPRUEBA

ACTIVIDAD **Una fiesta en La Boca**

▶ Esta noche va a haber una fiesta en casa de algunos jóvenes de La Boca en Buenos Aires.

Paso 1. Contesta estas preguntas sobre la fiesta escribiendo la forma correcta del subjuntivo del verbo indicado. Sigue el modelo.

MODELO: ¿Quién *toca* esta noche? →
Ojalá que *toquen* «Los Alcatraces».

1. ¿Su música todavía *está* de moda?

   Espero que su música todavía ____________________ de moda.

2. ¿Van a *estrenar* nuevas canciones?

   Es esencial que ____________________ nuevas canciones.

3. ¿Todavía *tienen* el mismo guitarrista?

   Es lástima que no ____________________ el mismo guitarrista.

4. ¿Van a *tocar* hasta muy tarde?

   Esperamos que ____________________ hasta las tres de la mañana.

5. ¿Crees que nos *permiten* escoger las canciones?

   Insisto en que nos ____________________ escoger las canciones.

Paso 2. Ahora escoge la forma correcta del verbo apropiado para describir la fiesta según José y Beto.

eres/seas	sé/sepa
es/sea	soy/sea
espero/espere	tienes/tengas
hay/haya	van/vayan

JOSÉ: Tenemos que darnos prisa, Beto. Ojalá que ________________ 1 más entradas.

BETO: Ya voy. ________________ 2 que ________________ 3 Elena y Maricarmen a la fiesta.

JOSÉ: No ________________ 4 si van a asistir o no, pero todo ________________ 5 posible. Vamos.

BETO: Es bueno que tú ________________ 6 tan optimista, porque yo ________________ 7 pesimista.

JOSÉ: Espero que tú no ________________ 8 razón esta noche.

Nombre ______________________ Fecha ______________

PRACTICA UN POCO

GRAMÁTICA

EXPRESANDO DESEOS Y OPINIONES
The Present Subjunctive: Forms

Conexión gramatical
Estudia las páginas 183–184 en **¿Por qué lo decimos así?**

EJERCICIO 1 **Expresando deseos**

▶ ¿Qué quieres que estas personas hagan? Elige una frase de la lista para expresar algunos de tus deseos. Sigue el modelo.

MODELO: Quiero que mi mejor amigo *no se enfade conmigo.*

ayudarme a estudiar
comprarme nueva ropa de moda
dar un examen difícil
enfadarse conmigo
escogerme para el equipo
ganar el próximo partido
ir a la fiesta
ofrecer dinero a mi escuela
permitirme salir el sábado
tocar para el baile de esta semana

1. Quiero que mis padres...

____

2. Quiero que mis amigos...

____

3. Quiero que mi profesor(a) no...

____

4. Quiero que todos los estudiantes...

____

5. Quiero que el equipo de fútbol...

____

6. Quiero que el gobierno...

____

7. Quiero que el conjunto «Antares»...

8. Quiero que mi tío rico...

9. Quiero que la entrenadora...

EJERCICIO 2 **Expresando opiniones**

▶ Combina la forma correcta de un verbo de la lista con la forma correcta de una de las frases para expresar tus opiniones. Sigue el modelo.

VOCABULARIO ÚTIL
cobrar *to charge*

MODELO: no hay clases durante el verano (alegrarse [de] que) →
Me alegro de que no haya clases durante el verano.

alegrarse (de) que
lamentar
(no) me gusta que
sentir que

1. los chicos de 14 años / no conducir

2. los chicos / tener que asistir a la escuela hasta los 16 años

3. los músicos / (no) cobrar tanto por los conciertos

4. mi novio/a / (no) llevar ropa de última moda

5. mi hermano/a / (no) estar seguro/a de sí mismo/a

____

6. mi mejor amigo/a / (no) saber hablar español

____

7. mis padres / (no) enfadarse conmigo todo el tiempo

____

8. los profesores / (no) dar exámenes fáciles

____

9. la clase de español / (no) ser difícil

____

10. los chicos de la escuela / hablar mal de otros

____

ES POSIBLE QUE NOS SINTAMOS MEJOR MAÑANA
The Present Subjunctive of Stem-Changing Verbs

Conexión gramatical
Estudia la página 188 en **¿Por qué lo decimos así?**

EJERCICIO 3 El Sr. Muñoz

▶ Los Muñoz están de viaje. El señor Muñoz no toma decisiones rápidamente y por eso le pregunta a su esposa qué es lo que debe hacer. ¿Cómo contesta la señora las preguntas de su esposo? Hay más de una respuesta posible en cada caso.

1.

¿Cierro la puerta o sigo adelante?

Prefiero que (tú) _______________

____

2.

¿Nos vestimos para salir o almorzamos primero?

Quiero que (nosotros) ____________

____

3.

¿Servimos el té o dormimos la siesta?

Es mejor que (nosotros) ________

____

4.

¿Pido el desayuno o empiezo a bañarme primero?

Te recomiendo que _____________

____

Nombre ______________________ Fecha ______________

HACIENDO PREGUNTAS
Interrogative Words

Conexión gramatical
Estudia las páginas 189–190 en **¿Por qué lo decimos así?**

EJERCICIO 4 Hechos históricos

▶ ¿Cuánto sabes de la historia y geografía de Hispanoamérica? Primero, escribe la palabra interrogativa correcta y un verbo apropiado en los espacios en blanco de las preguntas. Luego pon la letra de la pregunta junto a la respuesta.

Preguntas

a. ¿ __________ __________ Colón a América?

b. ¿ __________ __________ la capital de Chile?

c. ¿ __________ __________ la ciudad de Lima?

d. ¿ Quién fue Simón Bolívar?

e. ¿ __________ __________ __________ Fidel Castro?

f. ¿ __________ __________ Panamá?

g. ¿ __________ países hispánicos __________ en la América del Sur?

h. ¿ __________ __________ se __________ portugués en el Brasil?

Respuestas

1. d Fue el libertador de varios países sudamericanos.
2. ____ Hay nueve.
3. ____ Es de Cuba.
4. ____ Es Santiago.
5. ____ Es un país centroamericano.
6. ____ La descubrió en 1492.
7. ____ Porque lo colonizaron los portugueses.
8. ____ Está en el Perú.

HABLANDO DEL PASADO
EL PRETÉRITO Y EL IMPERFECTO

▶ Elena escribe en su diario todas las noches. Usa los verbos de la lista para completar su entrada de la noche de su primera cita con Jorge.

era	fuimos	salí
éramos	lucí	se vistió
estaba	llamaba	
estrené	pasé	

viernes, 26 de junio

Querido diario:

Hoy ________________1 con Jorge por primera vez. ________________2 al cine y después a una fiesta en casa de Marina. ________________3 una fiesta pequeña pero muy divertida. Yo ________________4 súper contenta porque ________________5 mi nueva minifalda y ________________6 muy, muy bien. También Jorge ________ ________________7 muy a la moda. Sus chaqueta nueva ________________8 bastante la atención de las otras chicas. ________________9 la pareja más guapa de la fiesta. En fin, me lo ________________10 muy bien en la cita.

Nombre ______________________ Fecha ______________

LECTURA: CLAVE AL MUNDO HISPANO

SOBRE LA AUTORA Isabel Allende nació en el Perú en 1942 de padres chilenos. Desde 1988 reside en California. Ha escrito varias novelas y muchos cuentos, los más famosos de los cuales son los veintitrés *Cuentos de Eva Luna*. Su obra ha sido traducida a más de veinticinco idiomas. En su literatura, que usa una voz protagónica femenina, Allende mezcla la realidad con la fantasía y la historia con la ficción.

A PROPÓSITO La primera novela que Allende escribió fue *La casa de los espíritus*, publicada en 1982. Allende se inspiró en la historia política de Chile y de Hispanoamérica. El tema central de la novela es el destino de los pueblos latinoamericanos y la historia de un pueblo en particular, sometido a[1] una dictadura. Por lo tanto, *La casa de los espíritus* puede verse como una denuncia de la violencia y la injusticia que son parte diaria de la realidad latinoamericana.

A continuación hay una selección de uno de los capítulos de la novela (titulado «El terror») en el que se narra un golpe de estado, es decir, una intervención militar que cambia el gobierno de un país por medios violentos.

[1]sometido... *subjected to*

LA CASA DE LOS ESPÍRITUS (SELECCIONES)

El día del golpe militar amaneció° con un sol radiante, poco usual en la tímida primavera que despuntaba.° Jaime había trabajado casi toda la noche y a las siete de la mañana sólo tenía en el cuerpo dos horas de sueño. Lo despertó la campanilla del teléfono y una secretaria, con la voz ligeramente alterada,° terminó de espantarle la modorra.° Lo llamaban de Palacio para informarle que debía presentarse en la oficina del compañero ° Presidente lo antes posible, no, el compañero Presidente no estaba enfermo, no, no sabía lo que estaba pasando, ella tenía orden de llamar a todos los médicos de la Presidencia. Jaime se vistió como un sonámbulo° y tomó su automóvil, ... Llegó al Palacio a las ocho y se extrañó de ver° la plaza vacía y un fuerte destacamento° de soldados en los portones° de la sede° del gobierno, vestidos todos con ropa de batalla, cascos° y armamentos de guerra.

En el interior del edificio reinaba una agitación de naufragio,° los empleados corrían por las escaleras como ratones mareados y la guardia privada del Presidente estaba arrimando° los muebles contra las ventanas

dawned
was sprouting
ligeramente... *slightly upset* / terminó... *finished scaring away his grogginess*
comrade
sleepwalker
se... *he was shocked to see*
detachment / puertas grandes
seat / *helmets*
reinaba... *the agitation of a shipwreck reigned*
poniendo

y repartiendo° pistolas a los más próximos. El Presidente salió a su encuentro.° Tenía puesto un casco de combate que se veía incongruente° junto a su fina ropa deportiva y sus zapatos italianos. Entonces Jaime compendió que algo grave estaba ocurriendo.

—Se ha sublevado la marina,° doctor —explicó brevemente—.

...a las nueve y media de la mañana las unidades armadas del país estaban al mando de militares golpistas.° En los cuarteles° había empezado la purga de los que permanecían leales° a la constitución.

Entonces oyeron el rugido° de los aviones y comenzó el bombardeo. Jaime se tiró al suelo° con los demás, sin poder creer lo que estaba viviendo, porque hasta el día anterior estaba convencido que en su país nunca pasaba nada y hasta los militares respetaban la ley. Sólo el Presidente se mantuvo en pie,° se acercó a una ventana con una bazooka en los brazos y disparó° contra los tanques de la calle... Quince minutos después ardía° todo el edificio y adentro no se podía respirar° por las bombas y el humo...

El bombardeo fue breve, pero dejó el Palacio en ruinas. A las dos de la tarde el incendio° había devorado los antiguos salones que habían servido desde tiempos coloniales, y sólo quedaba un puñado° de hombres alrededor del Presidente. Los militares entraron al edificio y ocuparon todo lo que quedaba de la planta baja. Por encima del estruendo° escucharon la voz histérica de un oficial que les ordenaba rendirse° y bajar en fila india° y con los brazos en alto. El Presidente estrechó° la mano a cada uno. «Yo bajaré al final», dijo. No volvieron a verlo con vida.

dando
salió... *came out to meet him* / *out of place*
Se... *The navy has rebelled*
al... *under the control of rebel officers* / *barracks*
permanecían... *remained loyal*
roar
se... *threw himself to the ground*
se... *remained standing*
fired / se quemaba
breathe
fuego
handful
Por... *Above the roar*
to surrender / fila... *single file*
shook

¿QUÉ ENCONTRASTE?

ACTIVIDAD 1 ¿Qué pasó?

▶ Elige la respuesta más apropiada según la lectura.

1. ¿Qué profesión ejercía Jaime?
   a. secretario b. presidente c. médico
2. ¿Qué lo despertó?
   a. la primavera b. el teléfono c. un soldado
3. ¿Cómo llegó al Palacio?
   a. en su carro b. en los portones c. en destacamento
4. ¿Cómo se presentó el Presidente?
   a. con casco b. vestido de soldado c. con pistola

5. ¿Qué destruyó el Palacio?
   a. los tanques b. las bombas c. los soldados

6. ¿Qué hizo el Presidente durante el bombardeo?
   a. Respetó la ley. b. Dejó el Palacio en ruinas. c. Disparó contra los tanques.

7. ¿Por qué bajaron todos en fila india?
   a. Porque iban a ocupar la plaza. b. Había sólo un puñado de hombres. c. Porque se rindieron a los golpistas.

8. ¿Qué probablemente le ocurrió al Presidente?
   a. Salió en avión para París. b. Murió a manos de los golpistas. c. Siguió como Presidente cuando se fueron los demás.

ACTIVIDAD 2 Eres director(a) de cine

▶ La selección que acabas de leer tiene muchos elementos apropiados para el cine. Indica qué elementos de la siguiente lista usarías en la película, si fueras el director / la directora.

1. Jaime sólo durmió dos horas.
2. Lo despertó la campanilla del teléfono.
3. Se vistió como sonámbulo.
4. Tomó su carro y salió para el Palacio.
5. Se extrañó de ver a los soldados en los portones.
6. Los empleados corrían por las escaleras del Palacio.
7. El Presidente tenía puesto un casco y zapatos italianos.
8. Jaime comprendió que algo grave estaba ocurriendo.
9. A las nueve y media las unidades armadas estaban en manos de los golpistas.
10. El Presidente se acercó a una ventana con una bazooka.
11. Los militares ocuparon todo lo que quedaba de la planta baja.
12. El Presidente le estrechó la mano a cada uno.

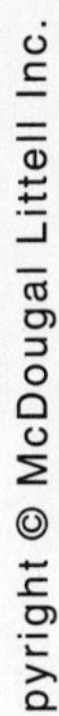

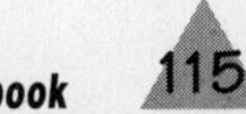

Nombre ______________________ Fecha ______________________

LA PUBLICIDAD Y SU IMPACTO

ESCRÍBELO TÚ

VOCABULARIO

ACTIVIDAD 1 **Los consumidores de hoy**

▶ Mariana y Óscar acaban de salir de una exposición de los mejores anuncios comerciales del año. Usa frases de la lista para completar su conversación.

aprobación	efectivos	llamativos
belleza	la felicidad	persuadir
buen gusto	garantizarle	promueves
cambiar de opinión	se informen	riqueza
se dejen engañar	investiguen	tener un impacto

ÓSCAR: Me parece increíble que un anuncio pueda tener tanta influencia que a una persona le haga ____________________[1] tan fácilmente. Si yo no pienso comprarme algo, no me lo compro, no importa lo fantástico del anuncio.

MARIANA: Peor todavía es que muchas personas, sin saber los hechos verdaderos de un producto, ________________________[2] por los anuncios.

ÓSCAR: Pero, al mismo tiempo, entiendo por qué ocurre eso. Muchos de los anuncios son bastante impresionantes, ¿verdad? Es decir, que son muy ________________________[3].

MARIANA: ¡Claro!, y ése es precisamente su propósito. Tienen que ser brillantes y llamar la atención para ser __________________[4].

Si no, no podrían ________________________[5] a los consumidores a comprar los productos.

ÓSCAR: ...y también convencerles de que están muy a la moda y de que tienen muy ________________________[6].

MARIANA: Y que el producto puede cambiar la vida entera de una persona: estará muy contenta, es decir, que el producto le traerá ________________________[7]; conseguirá mucho dinero, es decir, una ________________________[8] estupenda; o, para las mujeres, les dará una ________________________[9] que no tenían antes... ¡Ah!, y lo más importante es que le asegurará la ________________________[10] de los demás, porque nadie puede tener una mala impresión de alguien que tenga ese producto.

ÓSCAR: ¿Crees que es posible que algún producto pueda ________________________[11] todas esas cosas a una persona?

MARIANA: ¡Por supuesto que no! Por eso es muy importante que los consumidores de hoy ________________________[12] bien un producto y ________________________[13] de todos los hechos antes de comprárselo.

ÓSCAR: Ay, Mariana, ¿por qué no ________________________[14] tú algún producto? Con tanto entusiasmo y emoción, ¡seguro que podrías ________________________[15] enorme en los consumidores!

Nombre ______________________ Fecha ______________

ACTIVIDAD 2 La campaña publicitaria

Como dicen Mariana y Óscar, los anuncios tienen que ser llamativos e interesantes para atraer al público. Pero, a veces, los anuncios fracasan porque la compañía que los hace no conoce bien el público al que el anuncio está dirigido. ¿Puedes tú diseñar campañas de publicidad para diferentes grupos de personas?

Paso 1. Considera de qué forma(s) deberían ser diferentes estos dos anuncios en los Estados Unidos y en el país hispano indicado. Apunta tus ideas.

1. un anuncio que va a salir en Navidad para una película fotográfica: España

____

____

____

¿Es el Papá Noel una figura universal? Tal vez no tanto...

2. un anuncio que va a salir en la época del Día de los Muertos para un restaurante de comida rápida: México

____

____

____

¿Qué significado tienen los esqueletos en este día festivo?

Paso 2. Ahora, te toca a ti diseñar un anuncio. ¿Cómo sería un anuncio para una fiesta de Año Nuevo en la Argentina? (Primero, piensa en la siguiente pregunta: ¿En qué estación se celebra el fin de año en el hemisferio sur?) Escribe el texto de tu anuncio en las líneas a continuación. Luego, dibuja el anuncio en el espacio que queda.

____

____

____

____

____

____

____

____

____

____

____

____

____

____

____

Nombre ______________________ Fecha ______________________

¿CUÁNTO SABES YA?

AUTOPRUEBA

ACTIVIDAD Una diferencia de opinión

▶ Contesta estas preguntas sobre los gustos de Juan y Elena. Usa frases de la lista y sigue el modelo.

Creo que...
Es cierto que...
Es evidente que...
Es obvio que...
Es verdad que...
Estoy seguro/a (de) que...

MODELO: ¿Van los chicos al cine? →
Es evidente que van al cine.

1. ¿Les gustan a los dos las películas de animales?

____

2. ¿Cuál de las películas les va a dar más miedo?

____

3. ¿Quién quiere ver la película de terror, Juan o Elena?

____

4. ¿Cuál es más apropiada para los niños, la película que quiere ver Juan o la que quiere ver Elena?

____

____

5. ¿Cuál de los chicos tiene mejor gusto para escoger películas, en tu opinión?

____

6. ¿Quién va a cambiar de opinión?

____

7. En tu opinión, ¿qué película tiene más impacto en el público?

____

8. ¿Cuál de las películas es la más reciente?

____

Nombre _______________ Fecha _______________

PRACTICA UN POCO

GRAMÁTICA

EXPRESANDO DUDAS
Uses of the Present Subjunctive (Part 2)

Conexión gramatical
Estudia las páginas 207–208 en **¿Por qué lo decimos así?**

EJERCICIO 1 **Más opiniones**

▶ Expresa tu opinión sobre las siguientes ideas usando una de las frases de la lista. Sigue el modelo.

MODELO: La publicidad tiene gran impacto en mis decisiones. →
No creo que la publicidad *tenga* gran impacto en mis decisiones.
(*Es verdad que* la publicidad *tiene* gran impacto en mis decisiones.)

(no) creo que	(no) es verdad que
(no) dudo que	(no) estoy seguro/a (de) que
(no) es cierto que	(no) niego que

1. Soy un buen consumidor / una buena consumidora.

____

2. Sé lo que voy a hacer después de graduarme.

____

3. Los chicos tienen que asistir a la escuela hasta los 18 años.

____

4. Mi clases este semestre tienen un gran impacto en mi vida.

____

5. Cambio de opinión según lo que dicen mis padres.

____

6. Tengo buen gusto para comprar ropa.

____

7. Me dejo engañar por los amigos con frecuencia.

____

8. Puedo sacar buenas notas sin estudiar.

____

9. La belleza y la popularidad son cualidades necesarias en las personas.

____

10. Los jóvenes participan mucho en la política.

____

NOS CONOCIMOS EL SÁBADO PASADO
Imperfect versus Preterite: Changes in Meaning of the Verb

Conexión gramatical
Estudia la página 210 en **¿Por qué lo decimos así?**

EJERCICIO 2 La televisión y la muerte

▶ Completa la siguiente conversación sobre lo que pasó durante un funeral reciente. Escribe la forma correcta de uno de los verbos de la lista. Usa el imperfecto en los números *impares* (1, 3, 5, etcétera) y el pretérito en los números *pares* (2, 4, 6, etcétera).

VOCABULARIO ÚTIL
actual *current*

conocer
haber
querer
saber

—Yo no ____________________[1] que había muerto ese actor. ¿Y tú?

—Sí, lo ____________________[2] ayer cuando vi el funeral en la tele.

—Tú lo ____________________[3], ¿verdad?

—Sí, lo ____________________[4] cuando estábamos en la universidad.

—¿____________________[5] mucha gente en el funeral?

Nombre ______________________ Fecha ______________________

—Sí, y __________________[6] un problema cuando llegaron sus varias ex esposas.

—¿Qué __________________[7] ellas?

—Pues, todas __________________[8] hablarle al reportero de la tele,

pero él no __________________[9] hablarles. Sólo __________________[10] saber lo que sentía la novia actual.

¿CUÁL ES EL MEJOR RELOJ? Comparatives and Superlatives

Conexión gramatical
Estudia las páginas 212–213 en **¿Por qué lo decimos así?**

EJERCICIO 3 Unos amigos desiguales

▶ ¿Cómo se comparan estos amigos? Completa las siguientes oraciones según los dibujos. Usa la forma apropiada de las frases de la lista.

grandísimo/a	mejor/peor	tanto/a
más/menos	tan	tantos/as
el/la más/menos		

1. Amanda tiene ____________ ropa que Carlos pero ____________ que Maricarmen.

2. Pablo es ____________ alto que Carlos. Es ____________ ____________ alto de todos.

3. Maricarmen se viste ____________ que Carlos.

4. Maricarmen tiene ____________ discos compactos que Carlos pero su televisor es ____________ grande. ¡Es un televisor __________________!

5. Pablo tiene ____________ discos compactos que Amanda y ____________ como Maricarmen.

6. Carlos no tiene ____________ dinero como Maricarmen pero tiene ____________ que Amanda.

7. Pablo es ____________ rico como Carlos y los dos son ____________ ricos que Amanda.

8. Maricarmen es ____________ ____________ rica de todos y Amanda es ____________ ____________ pobre.

Nombre ______________________ Fecha ______________________

HABLANDO DEL PASADO

EL PRETÉRITO Y EL IMPERFECTO

▶ Germán hizo un viaje el verano pasado a la Argentina. Ahora tiene que contarle sus experiencias a su clase de español. Empareja las frases del Grupo B con las frases del Grupo A para completar su descripción.

Grupo A

1. ____ Cuando llegué al aeropuerto de Buenos Aires...
2. ____ Tomé un taxi al hotel, que...
3. ____ El taxista me dijo que...
4. ____ Me garantizó una visita interesante pero...
5. ____ Vi donde los barcos pesqueros...
6. ____ Después de ver el puerto, le pregunté al taxista si...
7. ____ De la estancia volvimos a Buenos Aires, donde...
8. ____ La visita era perfecta pero...

Grupo B

a. él podía llevarme a ver a unos gauchos en una estancia modelo.
b. podía andar por el pintoresco barrio de La Boca.
c. estaba en el centro de la ciudad.
d. demasiado pronto tuve que volver a casa.
e. no quería dejarme engañar.
f. trabajaban en las aguas del océano Atlántico.
g. yo debía ir al puerto para ver a los pescadores.
h. hacía muy buen tiempo.

LECTURA: CLAVE AL MUNDO HISPANO

A PROPÓSITO Los actores hispanos han participado en la industria cinematográfica desde los principios de ésta en los primeros años del siglo XX. Aquí el autor George Hadley-García recuerda a algunas figuras de la época del cine mudo.[1]

[1]cine... *silent films*

HOLLYWOOD HISPANICS: LOS LATINOS EN EL MUNDO DEL CINE (SELECCIONES)

«Dicen que el silencio es de oro, y para los actores de origen hispano, las películas mudas eran maravillosas. No estábamos limitados por nuestras voces o acentos, y Hollywood nos dió la bienvenida con los brazos abiertos. Desde ese tiempo, nunca ha sido igual.» Ramón Novarro, en la revista *Picture Screen*, 1960.

Durante los años veinte los «tipos latinos» eran muy populares en Hollywood, encabezados° por el italiano Rudolph Valentino; pero también por el mexicano Ramón Novarro y su compatriota Gilbert Roland...

headed

Y también había actrices como Dolores del Río y Lupe Vélez, las más exitosas actrices mexicanas de todas las que trabajaron en Hollywood.

Los extranjeros fueron bienvenidos durante una década [los años veinte] en la que la industria cinematográfica creció mucho y millones de inmigrantes vinieron a los Estados Unidos. Nunca en el futuro dominarían tanto en la pantalla las voces y los nombres extranjeros...

Casi todos los personajes hispanos que venían del sur del Río Grande eran villanos. ¿Por qué? La competición histórica entre los Estados Unidos y México es una explicación. Aún después de que los Estados Unidos anexaron Texas, los escritores y periodistas gringos continuaron intolerantes, y su rabia° regresaba cada vez que alguien como Pancho Villa° hacía incursiones en el territorio de los Estados Unidos.

rage / Pancho... famoso general de la Revolución mexicana de 1910

Los *Westerns* eran las películas que más ofendían con el uso constante de villanos latinos, porque las películas sobre las ciudades norteamericanas nunca incluían a hispanos, e historias con escenas latinoamericanas no existían si no eran *Westerns*. Las historias romantizadas de la Vieja California nunca usaban a los mestizos para representar a los anglos o a los españoles que gobernaban entonces. Cuando Hollywood empleó a actores hispanos como indios, españoles o mestizos —por ejemplo, Dolores del Río en el clásico de 1928, *Ramona*— eran siempre actores de piel clara.°

de... *light-skinned*

Nombre Fecha

Del Río explicó: «Traté de interesar a mis productores en historias sobre México. Quería representar a una mexicana. Pero preferían siempre que representara a una francesa o a una polinesia°... No me permitieron explorar mi nacionalidad en la pantalla.»

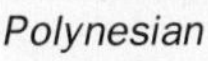

° Polynesian

¿QUÉ ENCONTRASTE?

ACTIVIDAD **Los hispanos y el cine mudo**

▶ Contesta las siguientes preguntas según lo que dice la lectura sobre los hispanos en el cine mudo de los años veinte.

1. ¿Por qué favorecía el cine mudo a los hispanos?

____

2. Generalmente, ¿qué tipo de personajes representaban los hispanos?

____

3. ¿Cómo eran los hispanos que aparecían en las películas sobre las ciudades norteamericanas?

____

4. Según la lectura, ¿cuál es el origen de los estereotipos mexicanos en los *Westerns*?

____

5. ¿A quiénes incluían en las películas romantizadas de la Vieja California?

____

6. ¿Cómo eran los hispanos que Hollywood empleaba para representar los papeles de indios?

____

7. ¿Qué papeles preferían darle los productores a Dolores del Río? ¿Qué tipo de papeles prefería hacer ella?

____

____

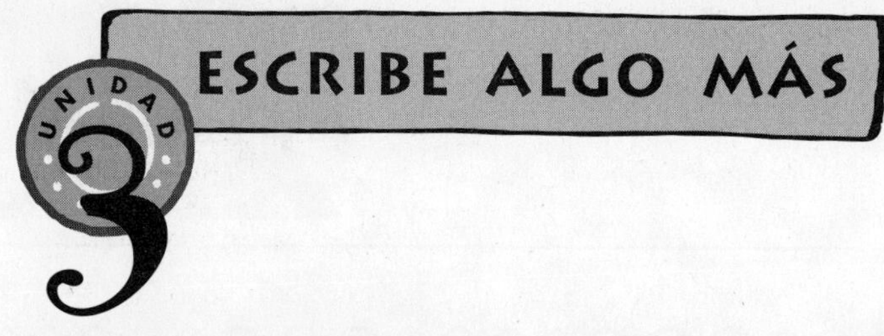

ACTIVIDAD 1 Los programas de televisión

▶ Muchas personas opinan que los *talk shows* en la televisión sirven sólo para explotar los problemas de otras personas. ¿Qué opinan de estos programas dos estudiantes de una escuela secundaria? Completa el diálogo para saber su opinión. Usa las palabras de la lista.

alegrarse
enfadarse
estar de moda
es una lástima
promover

PABLO: Hoy día, los *talk shows* parecen ____________________.

ADRIANA: Sí, hay muchísimos programas de este tipo y, por lo general, los temas que tratan son muy malos.

PABLO: __________________________ que hayan quienes exploten los problemas de los demás para hacer más dinero.

Nombre ______________________ Fecha ______________

ADRIANA: No me gusta mirarlos porque el público parece ______________________ de los problemas de los demás. Se ríen de los panelistas y a veces se hacen chistes sobre sus problemas.

PABLO: ¡Estoy de acuerdo! Otro problema es que el público y los panelistas suelen ______________________ y, a veces, se ponen violentos y empiezan a pelear.

ADRIANA: Sí, yo creo que es necesario prohibir este tipo de programa. La violencia en la televisión suele ______________________ la violencia en nuestras calles.

PABLO Y ADRIANA: ¡Lo que necesitamos más son programas educativos!

ACTIVIDAD 2 Los productos comerciales

▶ Todos los anuncios que vemos en la televisión o en las revistas tratan de promover algún producto o idea a la vez que prometen algo. ¿Qué tratan de promover y qué prometen estos dos anuncios? Léelos y después contesta las preguntas.

PALABRAS ÚTILES
el anuncio número uno (número dos)
los dos anuncios

PARA LUCIR ¡IRRESISTIBLEMENTE BELLA!...

BELLEZA, la revista Especializada de BUENHOGAR, donde usted encontrará todo lo relacionado con tratamientos y los nuevos productos existentes en el mercado que le ayudarán a resaltar ¡aún más! sus encantos personales.

• Su conexión con el agua
• Las cejas: otra vez de moda
• Perfumes... La huella invisible
• Cirugía plástica: Cuáles son sus opciones
• Y mucho más...

BELLEZA No. 20

¡A la venta en librerías y puestos de revistas!

1. ¿Cuál de los dos anuncios trata de promover la popularidad? ¿Por qué?

____

2. ¿Cuál de los dos anuncios promueve la belleza femenina? ¿De qué manera?

____

3. ¿Cuál de los dos anuncios puede tener mayor influencia en las jóvenes? ¿Por qué?

____

4. ¿Cuál de los dos anuncios puede persuadir más fácilmente a las jóvenes? ¿Por qué?

____

Nombre ______________________ Fecha ______________

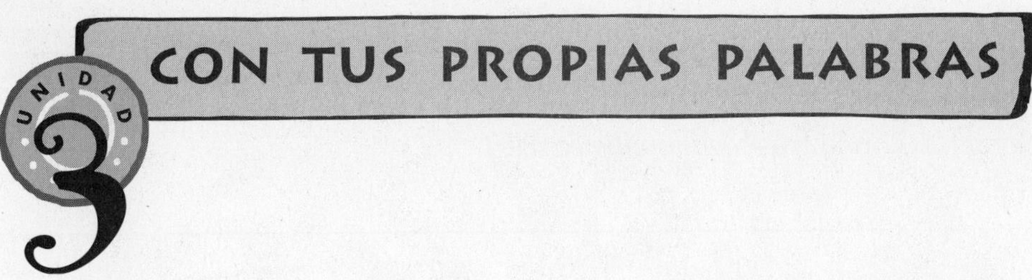

▶ **La familia perfecta.** Casi todos pasamos por cierta etapa en que queremos que nuestra familia sea distinta. ¿Qué es lo que te gusta de tu familia? Y ¿qué es lo que no te gusta? ¿Cómo quieres que cada miembro de tu familia cambie? ¿Cómo crees que sería tu familia después de cambiar? Describe a la familia ideal.

Paso 1. Primero, escribe oraciones completas para contestar las siguientes preguntas. Puedes escribir más de una idea si es necesario.

1. ¿Cómo es tu familia? Describe en una o dos oraciones las características más sobresalientes de tu familia entera.

 ____

 ____

2. ¿Qué es lo que menos te gusta de cada miembro de tu familia?

 ____

3. ¿Cómo quieres que sea cada miembro de tu familia?

 ____

4. ¿Qué deseas que hagan los miembros de tu familia para cambiar?

 ____

5. ¿Qué puedes hacer para ayudarlos a cambiar?

 ____

6. ¿Qué temes que pueda suceder o que no suceda si ellos cambian?

 ____

7. ¿Es posible que todos puedan ser cómo tú quieres? ¿Por qué sí o por qué no?

____

8. Si tu familia cambia, ¿cómo crees que va a ser después? (Empieza tu oración con la frase *Mi familia será...*)

____

Paso 2. Ahora, escribe tus respuestas en el orden en que las escribiste en el Paso 1. Haz todos los cambios necesarios para producir un buen borrador de tu composición.

MODELO: Mi familia es un poco anticuada. Por ejemplo, mis padres creen que vestirse a la moda es superficial. Mi papá tiene ideas de los años cincuenta y mi madre piensa como él...

____

____

____

____

____

____

____

____

____

____

____

____

____

____

____

____

Nombre ______________________ Fecha ______________

PASAPORTE CULTURAL 4

España

▶ Para hacer estas actividades, consulta el Pasaporte cultural 4 en las páginas 217–220 de tu libro.

ACTIVIDAD 1 **¿Cuánto sabes de España?**

▶ Escribe la opción correcta en el espacio.

1. En España hay ____ comunidades autónomas que tienen gobiernos propios.
   a. 27 b. 17 c. 7 d. 12

2. La región de Galicia es famosa por ____ de sus campos.
   a. las flores b. las montañas c. las vistas d. lo verde

3. España está entre los ____ países de mayor pesca del mundo.
   a. 10 b. 12 c. 15 d. 20

4. Después de Suiza, España tiene más ____ que cualquier otro país de Europa.
   a. vacas b. bosques c. queso d. montañas

5. El juego del jai alai se originó en ____.
   a. Cataluña b. Castilla c. Galicia d. el País Vasco

6. Otro deporte que les entusiasma mucho a los españoles es el ____.
   a. fútbol americano b. baloncesto c. fútbol d. hockey sobre hielo

7. El pintor Pablo Picasso era de ____.
   a. Francia b. Suiza c. Italia d. España

8. El gobierno español es dirigido por ____.
   a. un presidente b. un rey c. un dictador d. un príncipe

ACTIVIDAD 2 La cocina y los temas culturales

▶ Contesta las siguientes preguntas con oraciones completas.

1. Si viajaras por Andalucía, ¿dónde podrías ver la herencia de la civilización musulmana?

____

____

2. Unos amigos te invitan a «ir de tapas». ¿Qué van a hacer ustedes?

____

3. Escribe una breve descripción de la fiesta de San Fermín.

____

____

____

____

ACTIVIDAD DE REPASO Los datos esenciales

▶ Repasa los Datos esenciales de los Pasaportes culturales sobre la zona andina y España. Luego escribe la opción correcta en el espacio.

1. ____ Uno de los idiomas principales de este país es el euskera.
   a. Bolivia b. Chile c. el Ecuador d. España

2. ____ La moneda oficial de este país es el sol.
   a. España b. Bolivia c. el Perú d. el Ecuador

3. ____ Este país es también un reino.
   a. Chile b. el Ecuador c. España d. Bolivia

4. ____ Este país tiene dos capitales, una constitucional y otra que es la sede del gobierno.
   a. España b. Chile c. el Ecuador d. Bolivia

5. ____ Este país tiene entre 11 y 12 millones de habitantes.
   a. Bolivia b. el Ecuador c. Chile d. España

6. ____ La moneda oficial de este país es el colón.
   a. Bolivia b. Chile c. el Ecuador d. España

Nombre ______________________ Fecha ______________

El Poema de Mío Cid

▶ Para hacer estas actividades, consulta el Clásico ilustrado 2 en las páginas 221–224 de tu libro.

ACTIVIDAD 1 ¿Cómo era la vida del Cid?

▶ Escoge la mejor respuesta según la lectura.

1. ¿A quién servía Rodrigo Díaz de Vivar al principio de esta historia?
   a. al Cid b. a los musulmanes c. al rey Alfonso de Castilla

2. ¿A quiénes expulsó de Sevilla Rodrigo Díaz?
   a. al ejército granadino b. al rey Alfonso c. a los sevillanos

3. ¿Qué hizo el Cid con los cautivos después de la batalla?
   a. Los mató. b. Los llevó a Burgos. c. Los dejó en libertad.

4. ¿Cómo castigó el rey Alfonso al Cid por su supuesta traición?
   a. Lo mató. b. Lo mandó al exilio. c. Lo mandó a Burgos.

5. ¿Qué le hacía falta al Cid cuando llegó a Burgos?
   a. dinero b. un caballo c. una familia

6. La esposa del Cid se llamaba _____.
   a. la señora Cid b. doña Ximena c. Raquel

7. ¿Cuántos eran los miembros de la familia del Cid?
   a. su mujer y una hija b. dos hijas y su mujer c. tres hijas

8. ¿Cuántos soldados tenía el Cid cuando salió de Castilla?
   a. sesenta b. trescientos c. tres mil

9. ¿Qué reino conquistó el Cid para sí mismo?
   a. Granada b. Castilla c. Valencia

ACTIVIDAD 2 ¿Cómo era la lucha?

▶ La guerra entre cristianos y musulmanes en España duró casi ochocientos años: desde 711 hasta 1492. ¿Cuáles son algunas características de esa lucha según la leyenda del Cid?

1. ¿De dónde vinieron los musulmanes? (Pista: Piensa en las regiones que se tomaron.)

____

2. ¿Cómo se formaban los ejércitos?

____

3. ¿Qué ganaban cuando capturaron una ciudad?

____

4. ¿Qué tipo de gobierno tenían en esa época?

____

5. ¿Qué otros detalles interesantes notas?

____

ACTIVIDAD 3 Los héroes modernos

▶ ¿Tenemos hoy héroes como el Cid? Aunque la historia del Cid está basada en hechos reales, su personalidad y sus hechos han quedado envueltos en muchas leyendas populares. En una hoja de papel aparte, escribe un breve ensayo (de dos o tres párrafos) sobre un héroe / una heroína de la historia de los Estados Unidos cuyas acciones podrían convertirlo/la en una figura legendaria correspondiente a la del Cid.

Nombre ______________________ Fecha ______________________

¿CUÁLES SON NUESTROS LAZOS CULTURALES?

LA DIVERSIDAD DEL MUNDO HISPANO

ESCRÍBELO TÚ

VOCABULARIO

ACTIVIDAD 1 **¿Quién es Rafael O'Riley?**

▶ Rafael O'Riley y su padre quieren saber cuál es su identidad cultural. Completa la historia de su búsqueda con la forma correcta de las palabras de la lista.

el altiplano	el/la indígena	el pueblo
la arquitectura	la lengua natal	la raíz
el/la descendiente	la mezcla	
la identidad	orgulloso/a	

Papá estaba bastante seguro de que sus bisabuelos eran de

______________________[1] que está entre Bolivia y el Perú.

Entonces, decidimos empezar a buscar la historia familiar en Lima,

así que también tendríamos la oportunidad de estudiar

______________________[2] colonial de la antigua capital. Mis

amigos siempre se reían de nosotros. «¿Qué tipo de nombre hispano

es O'Riley?», decían. Yo quería que ellos tomaran en cuenta que

Latinoamérica es una gran ____________________ [3] de distintos

____________________ [4]. Mi tatarabuela era ____________________ [5] y

su ________________________ [6] era el quechua. Mi tatarabuelo era un

aventurero irlandés. Y nosotros, sus ___________________________ [7],

somos mestizos. Yo me siento muy ____________________ [8] de mi

____________________ [9] y de mis ____________________ [10] culturales.

ACTIVIDAD 2 **Rompecabezas:** La diversidad

▶ Busca las palabras en el diagrama que se relacionan con la diversidad cultural, y dibuja un círculo alrededor de ellas. (**¡Ojo!** Las palabras van en todas direcciones, incluso al revés.) Luego, usa las palabras que encuentras para completar las oraciones a continuación.

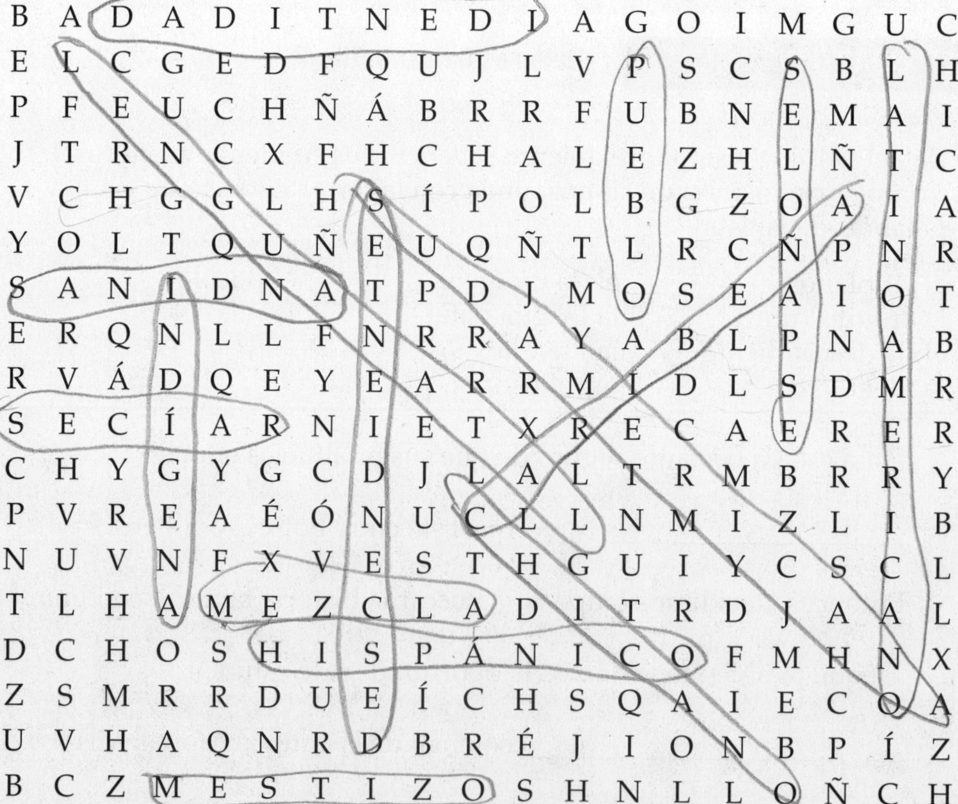

Nombre ______________________ Fecha ______________

1. El primer idioma que una persona habla es su ______________ ______________.
2. Dos mujeres de la zona de los Andes son ______________.
3. La salsa es una danza ______________.
4. Una ______________ se refiere a una combinación de grupos o personas diferentes.
5. Un ______________ se define como un grupo de personas que viven en el mismo lugar y que tienen la lengua y las costumbres en común.
6. Tus hijos y nietos (¡si los tienes!) serán tus ______________.
7. Muchas veces se usa la palabra ______________ para referirse a un individuo de descendencia mexicana que vive en los Estados Unidos.
8. La paella y el flamenco son productos ______________.
9. Se llama ______________ a cualquier individuo de habla española.
10. Buenos Aires es una ciudad argentina y, más generalmente, ______________.
11. El quechua, por ejemplo, es un idioma ______________ de Latinoamérica.
12. Cuando se habla de la herencia étnica de una persona, se refiere a sus ______________ culturales y étnicas.
13. Cada persona es única y diferente, así que se puede decir que cada persona tiene una ______________ propia.
14. Muchos latinoamericanos tienen sangre tanto indígena como europea; por eso se dice que ellos son ______________.
15. La palabra ______________ es el término general para referirse a alguien o algo que proviene de la América Latina.

¿CUÁNTO SABES YA?

AUTOPRUEBA

ACTIVIDAD **Cambios en Nuevo Progreso**

▶ Varias personas van a Nuevo Progreso, Guatemala, donde encuentran muchos problemas. Cada uno tiene ideas sobre cómo se pueden solucionar.

Paso 1. Cuando el padre Cayetano Bertoldo llega a Nuevo Progreso, les dice a los ciudadanos lo que se debe hacer para resolver los problemas. Escribe en los espacios la forma correcta del verbo apropiado para completar sus ideas.

admitir	organizar
construir	poder
ganar	ser
hay	tener

1. Espero que ___________________ posible eliminar la pobreza.
2. Primero, quiero que ustedes ___________________ una iglesia.
3. También es importante que ustedes ___________________ más dinero por sus productos.
4. Es necesario que (nosotros) ___________________ una cooperativa.
5. Dudo que ___________________ bastantes escuelas.
6. Insisto en que se ___________________ mujeres en la escuela.
7. No creo que el pueblo ___________________ progresar sin servicios médicos.
8. Ojalá que dentro de un año (nosotros) _________________________ un hospital.

Paso 2. Después llega un norteamericano, que también tiene algunas ideas para mejorar las condiciones en Nuevo Progreso. Escribe **por** o **para** en los espacios para completar sus ideas.

1. Ofrezco mi ayuda ____________ construir un hospital. Creo que lo

   podemos terminar ____________ 1976.

2. Creo que lo podemos construir trabajando ____________ la noche.

   Pagamos ____________ los materiales con dinero del gobierno.

Nombre ______________________ Fecha ______________________

5. Mi madre resolviera todos los problemas del país a fuera presidente

6. Mi hermana fuera el español mi lengua natal, te sugieras saques una "A" en esta clase.

VAMOS POR AQUÍ PARA LLEGAR AL CINE
Meanings of *por* and *para*

Conexión gramatical
Estudia las páginas 246–247 en **¿Por qué lo decimos así?**

EJERCICIO 5 ¿Por dónde voy para llegar a la biblioteca?

▶ Al salir de la escuela, Sandra tiene la oportunidad de hablar español cuando se encuentra con una mujer que va hacia la biblioteca. Escribe **por** o **para** en los espacios para completar su conversación.

SEÑORA: ____________1 favor, ¿puede usted decirme ____________2 dónde voy ____________3 llegar a la biblioteca pública?

SANDRA: Tiene que ir ____________4 la calle Quintara ____________5 encontrar la biblioteca.

SEÑORA: ¡____________6 fin, alguien que habla español! ¿Está muy lejos?

SANDRA: Son ____________7 lo menos quince cuadras. Pero ____________8 suerte, ____________9 aquí pasa un autobús que va directamente ____________10 el centro.

SEÑORA: ¿Cuánto necesito pagar ____________[11] el pasaje en el autobús?

SANDRA: El viaje ____________[12] ir al centro cuesta un dólar.

SEÑORA: Muchas gracias ____________[13] la información.

SANDRA: Pues, gracias a usted ____________[14] darme la oportunidad de practicar español.

Nombre ______________________ Fecha ______________

HABLANDO DEL PASADO

EL PRETÉRITO Y EL IMPERFECTO

▶ ¡Memo hizo un viaje fenomenal! Completa sus oraciones usando los verbos en el imperfecto. El mapa te ayudará.

encontrarme en Guatemala
estar en España
ir para Puerto Rico
pasar por México
ser Bolivia
visitar la Argentina

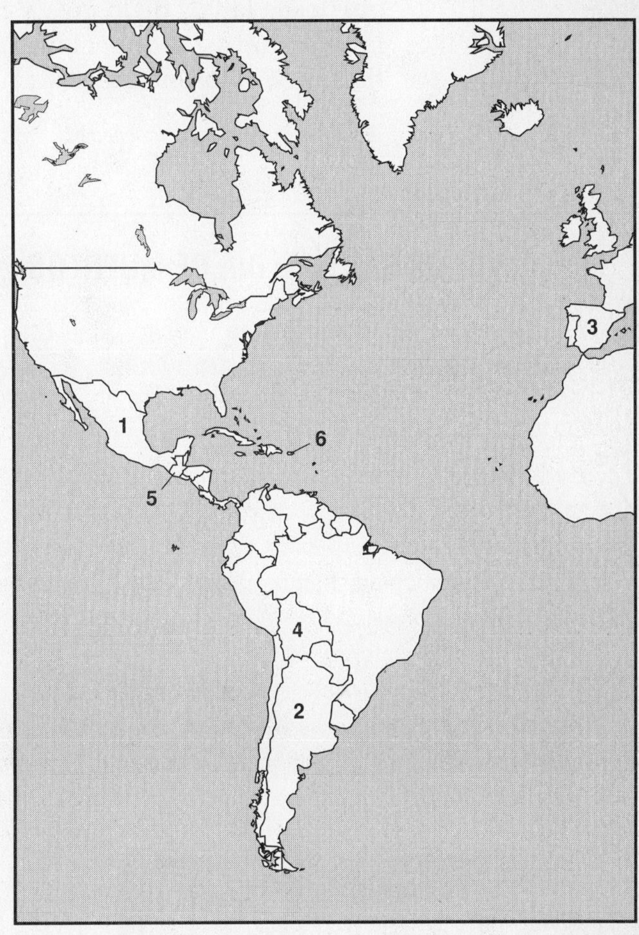

1. Asistí a una charreada cuando ______________________.
2. Conocí a una chica de apellido italiano cuando ______________________.
3. Hablé con un hombre catalán mientras ______________________.
4. Fui al lugar donde se originó la papa; ______________________.
5. Vi muchos campos de maíz porque ______________________.
6. Llegué a una isla asociada a los Estados Unidos cuando ______________________
______________________.

LECTURA: CLAVE AL MUNDO HISPANO

A PROPÓSITO El poeta y ensayista[1] mexicano Octavio Paz (1914–), ganó el Premio Nobel de Literatura en 1990. Su extensa obra literaria incluye varios ensayos en los que interpreta la cultura mexicana, como en esta selección de su libro *El laberinto de la soledad*, que se publicó por primera vez en 1950.

Para Paz, los mexicanos son unos seres «cargados de[2] tradición», que obedecen la voz de la raza y de la herencia étnica casi sin darse cuenta. En la selección a continuación, Paz describe la importancia que tienen las fiestas para los mexicanos.

[1]essayist [2]cargados... *burdened by*

«TODOS SANTOS, DÍA DE MUERTOS» (SELECCIONES)

El solitario mexicano ama las fiestas y las reuniones públicas. Todo es ocasión para reunirse. Cualquier pretexto es bueno para interrumpir la marcha del tiempo y celebrar con festejos° y ceremonias hombres y acontecimientos.° Somos un pueblo ritual... El arte de la fiesta, envilecido° en casi todas partes, se conserva intacto entre nosotros. En pocos lugares del mundo se puede vivir un espectáculo parecido al de las grandes fiestas religiosas de México, con sus colores violentos, agrios° y puros, sus danzas, ceremonias, fuegos de artificio,° trajes insólitos° y la inagotable° cascada de sorpresas de los frutos, dulces y objetos que se venden esos días en plazas y mercados...

celebrations
events / *disdained*
garish
fuegos... *fireworks* / *unusual* / *endless*

Nuestro calendario está poblado de° fiestas... Cada año, el 15 de septiembre a las once de la noche, en todas las plazas de México celebramos la Fiesta del Grito;° y una multitud enardecida° efectivamente grita por espacio de una hora,° quizá para callar° mejor el resto del año...

poblado... *crowded with*
Fiesta... *Independence Day celebration* / *excited*
por... durante una hora /
para... *in order to be quiet*

Nombre ______________________ Fecha ______________________

Pero no bastan° las fiestas que ofrecen a todo el país la Iglesia y la República. La vida de cada ciudad y de cada pueblo está regida° por un santo, al que se festeja° con devoción y regularidad. Los barrios y los gremios° tienen también sus fiestas anuales, sus ceremonias y sus ferias. Y, en fin, cada uno de nosotros —ateos,° católicos o indiferentes— poseemos nuestro Santo, al que cada año honramos. Son incalculables las fiestas que celebramos y los recursos y tiempo que gastamos en festejar...

...Nuestra pobreza° puede medirse° por el número y suntuosidad de las fiestas populares. Los países ricos tienen pocas: no hay tiempo, ni humor. Y no son necesarias; las gentes tienen otras cosas que hacer y cuando se divierten lo hacen en grupos pequeños. Las masas modernas son aglomeraciones de solitarios.° En las grandes ocasiones, en París o en Nueva York, cuando el público se congrega en plazas o estadios, es notable la ausencia del pueblo: se ven parejas y grupos, nunca una comunidad viva en donde la persona humana se disuelve y rescata° simultáneamente. Pero un pobre mexicano, ¿podría vivir sin esas dos o tres fiestas anuales que lo compensan de su estrechez° y de su miseria°? Las fiestas son nuestro único lujo; ellas sustituyen, acaso con ventaja,° al teatro y a las vacaciones, al *week end* y al *cocktail party* de los sajones,° a las recepciones de la burguesía° y al café de los mediterráneos.

bastan: son suficientes
regida: dominada
al... *who is celebrated*
gremios: *guilds*
ateos: *atheists*
pobreza / medirse: *poverty / be measured*
aglomeraciones... grupos de gente solitaria
se... *is dissolved and saved*
estrechez / miseria: *poverty / misery*
acaso... *perhaps advantageously*
sajones: *Europeans, Anglos*
burguesía: *bourgeoisie*

¿QUÉ ENCONTRASTE?

ACTIVIDAD ¿Qué dice Octavio Paz?

▶ Escribe el número de la frase del Grupo B que completa la frase del Grupo A según la lectura. **¡Ojo!** No vas a usar todas las frases del Grupo B.

Grupo A

1. ____ Al mexicano le encantan...
2. ____ ...se conserva intacto en México.
3. ____ ...caracterizan las fiestas religiosas.
4. ____ ...está lleno de fiestas.
5. ____ En... se celebra la Fiesta del Grito.

6. ____ Además de las fiestas religiosas y oficiales hay otras para...

7. ____ ...se puede calcular por el número y la calidad de las fiestas.

8. ____ Los ricos, cuando se divierten, lo hacen...

9. ____ Las fiestas pueden sustituir...

10. ____ ...son grupos de personas solitarias.

Grupo B

a. El público se congrega en estadios
b. La pobreza del mexicano
c. a los *week ends* y los *cocktail parties*
d. el día del santo de cada pueblo y persona
e. las fiestas y las reuniones públicas
f. Las masas modernas
g. Los colores violentos y fuegos de artificio
h. El calendario mexicano
i. en grupos de pocas personas
j. El arte de la fiesta
k. todas las plazas de México
l. tal vez para callar mejor el resto del año

Nombre ______________________ Fecha ______________________

EL MUNDO HISPANO DE LOS ESTADOS UNIDOS

ESCRÍBELO TÚ

VOCABULARIO

ACTIVIDAD 1 **Un encuentro entre dos culturas**

▶ Dos estudiantes, uno de descendencia coreana (Paul) y el otro de descendencia norteamericana (Robert), están hablando de las diferencias entre la cultura de sus respectivos países. Completa su conversación con las palabras de la lista.

acertado	discriminan	patria
armonía	éxito	prejuicios
beneficios	igual que	tiene mucho que ofrecer
un ciudadano	la mayoría	la tolerancia
coreana	metas	

PAUL: Una gran diferencia entre nuestras culturas es que, en los Estados Unidos, se considera que todos tienen derecho a tener sus propias opiniones. Es decir, está bien que ______________[1] no esté de acuerdo con ______________[2] de personas.

ROBERT: Es verdad. Yo creo que una de las ______________[3] de nuestro sistema es ______________[4] de las opiniones de los demás.

PAUL: Sí, en eso has ______________[5]. En mi cultura, es decir, en la cultura ______________[6], la cosa más importante es

traer el mayor número de ___________________[7] al mayor número de personas.

ROBERT: Entonces, en Corea, mientras no haya ___________________[8] entre todos, ¿el individuo no puede expresar sus opiniones?

PAUL: De cierto modo, sí. La ___________________[9], la comunidad y la familia se consideran más importantes que el individuo.

ROBERT: ¿Y me vas a decir que ustedes nunca ___________________[10] a otros grupos étnicos?

PAUL: Claro que hay ___________________[11]. Pero a mí me parece que en tu país, el ___________________[12] personal es más importante que la paz y armonía entre todos.

ROBERT: Ningún sistema es perfecto. Sin embargo, creo que nuestra cultura ___________________________[13], ¿no te parece?

PAUL: ¿Por qué crees que mi familia está aquí, ___________________[14] muchas otras familias?

ACTIVIDAD 2 Las nacionalidades

▶ Todos tenemos ideas estereotipadas sobre las cosas que se asocian con diferentes países. En esta actividad vas a hacer esas asociaciones.

Paso 1. ¿Con qué país asocias cada una de las siguientes cosas, y cómo se llaman los ciudadanos de ese país? Completa las oraciones a continuación con las palabras apropiadas.

1. Los espaguetis se asocian con ___________________.

   Los ciudadanos se llaman ___________________.

2. La Torre Eiffel se asocia con __________________.

   Los ciudadanos se llaman __________________.

3. La hoja del arce se asocia con __________________.

   Los ciudadanos se llaman __________________.

4. El quetzal se asocia con __________________.

   Los ciudadanos se llaman __________________.

5. La Gran Muralla se asocia con __________________.

   Los ciudadanos se llaman __________________.

6. El Taj Majal se asocia con __________________.

   Los ciudadanos se llaman __________________.

Paso 2. Ahora vas a describir tus propias raíces culturales y las asociaciones que haces con ellas.

1. ¿De dónde son tus padres (abuelos, bisabuelos)?

   ____

2. ¿Cómo se llaman los ciudadanos de ese país (esos países)?

   ____

3. ¿Qué cosa(s) asocias con el país (los países) de origen de tus antepasados? ¿Por qué? ____

   ____

¿CUÁNTO SABES YA?

AUTOPRUEBA

ACTIVIDAD **Un repaso**

▶ En esta actividad, vas a repasar varios puntos gramaticales que has estudiado.

Paso 1. Escoge la preposición más lógica y escríbela en el espacio.

1. ________________ salieron de su país natal, los iraníes se fueron para los Estados Unidos. (Para/Cuando)
2. La mayoría se quedó en Ellis Island ________________ conseguir permiso de entrar en el país. (hasta/debajo de)
3. ________________ entrar, los inmigrantes trabajaron mucho para tener éxito. (Sin/Después de)
4. Luego decidieron mudarse a California; ________________ ir, buscaron trabajo, pero no lo encontraron. (antes de/encima de)

Paso 2. Contesta las preguntas negativamente con una oración completa.

1. ¿Hay algún holandés aquí para traducir esto?

   ____

2. ¿Alguien aquí habla griego?

   ____

3. ¿Ustedes siempre hablan inglés en casa?

   ____

4. ¿Puedes decir algo en latín?

   ____

Paso 3. Imagínate que un nuevo estudiante / una nueva estudiante acaba de llegar a tu escuela. Usa la forma impersonal del verbo para darle información. Sigue el modelo.

MODELO COMPAÑERO/A: Necesito almorzar. →
TÚ: Pues, se almuerza en la cafetería.

1. Tengo que comprar unos lápices.

____

2. ¿Dónde venden diccionarios?

____

3. Necesito encontrar un consejero / una consejera.

____

Paso 4. Estás seguro/a de que vas a ganar la lotería de diez millones. Escribe en el espacio la forma correcta del verbo indicado.

1. *Llegarán* hoy pero no creo que ________________ antes de mediodía.
2. ¡Me *darán* mucho dinero y ojalá que me lo ________________ hoy!
3. Se *irán* esta tarde y espero que se ________________ inmediatamente.

PRACTICA UN POCO

GRAMÁTICA

TE ESCRIBO TAN PRONTO COMO PUEDA Conjunctions of Time with Indicative and Subjunctive

Conexión gramatical
Estudia las páginas 266–267 en **¿Por qué lo decimos así?**

EJERCICIO 1 **Los planes**

▶ Completa cada oración con una de las posibilidades de la lista, o con cualquier otra frase apropiada, para describir algunos de tus planes para el futuro.

Posibilidades

(el profesor / la profesora) darme un examen
encontrar novio/a
llegar el verano
tener ¿ ? años
tener dinero
tener trabajo
tener vacaciones
terminar el semestre
volar los puercos
¿ ?

1. Voy a casarme en cuanto...

____

2. Pienso comprar un carro cuando...

____

3. Tengo que buscar trabajo después de que...

____

4. Quiero hacer un viaje a España tan pronto como...

____

5. No voy al dentista hasta que...

____

6. Necesito estudiar mucho antes de que...

____

Nombre ______________________ Fecha ______________________

AQUÍ SE HABLA ESPAÑOL
The Impersonal *se* (Review); the Passive *se*

Conexión gramatical
Estudia la página 269 en
¿Por qué lo decimos así?

EJERCICIO 2 El nuevo restaurante

▶ Imagínate que eres diseñador(a) de carteles y que tu amigo Juanjo va a abrir un restaurante. Él te dice la siguiente información sobre el restaurante, y te pide que le hagas seis letreros. Escríbelos con la forma impersonal.

1. Los meseros van a hablar español.
2. No voy a permitir que canten los clientes.
3. Voy a servir comida mexicana.
4. Aceptamos tarjetas de crédito.
5. No permito que bailen los clientes.
6. Los clientes no pueden entrar sin camisa.

EJERCICIO 3 Las ruinas mayas de Guatemala

▶ Imagínate que estás de viaje en Guatemala. Haz todas las preguntas que puedas para saber más sobre las ruinas de Tikal. En tus preguntas, usa una palabra o expresión de cada uno de los grupos a continuación.

MODELO: ¿Cuándo se descubrió esta civilización?

Grupo A	Grupo B	Grupo C
cómo	caer	esta civilización
cuándo	construir	estas ruinas
de qué color	descubrir	el Palacio del Gobierno
en qué año	pintar	el Templo de las Máscaras
por qué	restaurar	los templos de Tikal

1. ______________________________
2. ______________________________
3. ______________________________
4. ______________________________
5. ______________________________
6. ______________________________
7. ______________________________
8. ______________________________
9. ______________________________
10. ______________________________

Nombre ______________________ Fecha ______________________

¿HAY ALGUNAS NOTICIAS? —NO, NO HAY NINGUNA.
Negative and Affirmative Terms

Conexión gramatical
Estudia las páginas 270–271 en **¿Por qué lo decimos así?**

EJERCICIO 4 Una encuesta

▶ Piensa en una persona que conoces para cada categoría y escribe una oración completa describiendo a esa persona.

¿Quién... ?

1. siempre tiene algunas buenas ideas
   ____
2. conoce a alguien de Puerto Rico
   ____
3. siempre lo entiende todo
   ____
4. no practica ningún deporte
   ____
5. nunca mira la televisión
   ____
6. va a ser muy rico/a algún día
   ____
7. nunca estudia... ¡pero siempre saca buenas notas!
   ____
8. saca buenas notas... y también se divierte mucho
   ____

EJERCICIO 5 Una fiesta problemática

▶ Imagínate que María, una estudiante de tu escuela que no conoces, te ha invitado a una fiesta en su casa este sábado. Le haces varias preguntas a un amigo / una amiga de María para saber cómo será la fiesta. Usa las palabras entre paréntesis para escribir las «respuestas» del amigo / de la amiga de María.

1. ¿A veces son buenas las fiestas de María? (nunca)

   ____

2. ¿Quién va a tocar música? (nadie)

   ____

3. ¿Tendrán algo que comer? (nada)

   ____

4. ¿Vienen algunos jugadores de fútbol? (ninguno)

   ____

5. ¿Invitó a alguien del colegio vecino? (nadie)

   ____

6. ¿Van a venir Juan y Carlos? (ni... ni)

   ____

7. ¿Siempre vienen las hermanas Montero? (nunca)

   ____

8. ¿Vas a venir tú? (tampoco)

   ____

Nombre ______________________ Fecha ______________

BUSCO UN LIBRO QUE SEA INFORMATIVO E INTERESANTE
Use of the Subjunctive in Adjective Clauses

Conexión gramatical
Estudia la página 272 en **¿Por qué lo decimos así?**

EJERCICIO 6 Necesidades urgentes

▶ A veces todos necesitamos cosas con urgencia. Escribe la forma correcta de un verbo de la lista para expresar las necesidades de estas personas.

Verbos: abrirse, contener, mostrar, parar, saber, sacar

1. Elena necesita un tanque que

   ____________________ más aire.

2. Ariana quiere un paracaídas que

   ____________________ rápidamente.

3. Germán necesita encontrar a una persona que

   ____________________ leer griego.

4. Pablo busca un perro San Bernardo que le

___________________ el camino a casa.

5. Maricarmen quiere unos frenos que le

___________________ los esquís.

6. Guillermo busca un barco que lo

___________________ de la isla desierta.

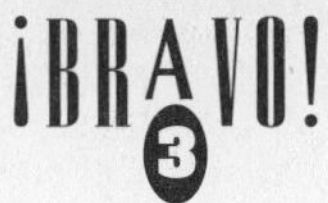

Nombre ____________________ Fecha ____________________

HABLANDO DEL PASADO

EL PRETÉRITO Y EL IMPERFECTO

▶ La tarea de Andrés para la clase de español consistió en informarles a sus compañeros de clase sobre los diferentes orígenes de los grupos hispanos. Completa su informe con la forma correcta del pretérito o del imperfecto de los verbos de la lista.

cambiar	convertirse	huir	salir
causar	estar	pasar	ser
colonizar	hacerse	poblar	tener

Algunos de los hispanos en los Estados Unidos no son inmigrantes en el sentido tradicional. Muchas personas en el suroeste de los Estados Unidos, que __________________[1] de nacionalidad mexicana, __________________[2] en ciudadanos en 1848. Los puertorriqueños, cuya isla antes __________________[3] bajo control español, __________________[4] ciudadanos estadounidenses en 1917. En los dos casos, una guerra __________________[5] el cambio de nacionalidad. En el siglo XVII, los antepasados del primer grupo __________________[6] la región que hoy es el suroeste. Los segundos __________________[7] su isla en la época de Cristóbal Colón. Sin cambiar de lugar, __________________[8] de nacionalidad.

Otros grupos hispanos __________________[9] diferentes razones por venir a su nuevo país. Los cubanos y algunos centroamericanos __________________[10] de las condiciones políticas de su país natal. Otros centroamericanos __________________[11] de su país para buscar oportunidades económicas. Como se puede ver, no todos __________________[12] por la misma experiencia.

SOBRE EL AUTOR El poeta Ernest Padilla nació en Nuevo México en 1944. La mayoría de su abundante obra poética tiene que ver con el tema de los mexicoamericanos en los Estados Unidos. Durante varios años era editor de dos prensas universitarias, especializándose en la publicación de poesía, ficción y crítica literaria. Desde 1990 es profesor de inglés y matemáticas en Santa Mónica, California.

A PROPÓSITO Las diferencias culturales pueden mostrarse en cualquier momento y en cualquier lugar. Tal vez para los seres humanos la manifestación más íntima de su cultura es la lengua y lo que ésta comunica. La historia de los inmigrantes hispanos en los Estados Unidos abunda en anécdotas de maestros de primaria que les pegaban[1] a los niños cuando éstos hablaban español en la clase. Por un lado, era una manera de hacer que aprendieran inglés; por otro, era un castigo por hablar su lengua natal. Este poema se refiere en parte a esas anécdotas.

[1] *hit*

OHMING INSTINCK

«The Peacock
as you see in Heidi's drawing here,
is a big colorful bird.
it belongs to the same family as . . . »
...Habla de Pavos° — *Peacocks*
ya yo sueño
de pavos magníficos
con
plumas° azules; — *feathers*
como el cielo
cuando él se esconde tras° las nubes — se... *hides behind*
a mediodía,

Nombre ________________ Fecha ________________

plumas rojas;
que se hacen anaranjosas° — orangeish
como en la tarde
  al caer bajo
las sierras,
    el sol tira para todo° — tira... *throws around*
el cielo rayos° — *rays*
anaranjándose
  con tiempo...

« . . . and the pigeon, which all of you should already know what it looks like. The pigeon can be trained to return to his home, even if it is taken far away . . . »

...¡Ahora habla de palomas!...
« . . . This is called the Pigeon's 'homing instinct,' and . . . »
...Mi palomita, Lenchita,
  que me quitaron
  porque iba a volar en las olimpiadas*
  ¡lloré entonces!
  y lloré también
  cuando entre las miles de palomas que
  enseñaron en la televisión
  el primer día
  de las olimpiadas,
  ¡Yo miré a mi Lenchita!
  y después Lenchita volvió a casa
  ya lo sabía...

«ALRIGHT!
Are you kids in the corner paying attention?
Armando, what is a Peacock? What does homing instinct mean? . . . »

¿A MÍ ME HABLA?
¡SOY MUY TONTO°! — *dumb*
«Ohming instick eis... eis... como Lenchita...»
«Armando haven't I told you not to speak Spa . . . »
    ¡Caramba
    me van a pegar!...
«It's bad for you . . . Go see Mr. Mann»
...Mañana
  sí iré con papá.
Piscaré mucho algodón°... — Piscaré... *I'll pick a lot of cotton*

*Los Juegos Olímpicos de 1968 tuvieron lugar en la capital de México.

ACTIVIDAD 1 Lo negativo y lo positivo

▶ El poema tiene elementos que Armando considera buenos y otros que dan la idea de una sociedad hostil. Marca con P (positivo) o N (negativo) los siguientes elementos.

1. ____ el cielo como plumas azules
2. ____ Heidi
3. ____ *homing instinct*
4. ____ el inglés
5. ____ Lenchita
6. ____ Mr. Mann
7. ____ las olimpíadas
8. ____ *peacocks*
9. ____ pizcar algodón
10. ____ los rayos anaranjosos del sol

ACTIVIDAD 2 ¿Cierto o falso?

▶ Indica si estas oraciones son ciertas (C) o falsas (F) según el poema.

1. ____ Armando no entendió nada de lo que dijo en inglés la maestra.
2. ____ Los pensamientos de Armando no tenían relación con las palabras de la maestra.
3. ____ La maestra no permitía que se hablara español en la clase.
4. ____ Armando no sabía lo que era el «homing instinct».
5. ____ Armando no pensaba volver a la clase.

Nombre ______________________ Fecha ______________

ESCRIBE ALGO MÁS

ACTIVIDAD 1 ¿Cuál es la palabra para... ?

▶ Muchas palabras tienen sinónimos, es decir, diferentes palabras que significan más o menos la misma cosa. Lee el siguiente párrafo sobre la cultura argentina. Luego, escribe en los espacios los sinónimos de las palabras o frases indicadas.

la arquitectura	la diversidad
la descendencia	lengua
descendientes	la mezcla

La Argentina es un país muy interesante. *La construcción de los edificios*[1] es muy distinta de la del resto de los países hispanoamericanos. En la Argentina, los edificios son de estilo europeo. *El origen*[2] de los habitantes es también diferente del de la mayoría de las personas de países como México o Colombia. En la Argentina muchas personas son *parientes*[3] de europeos. Por esta razón, *la variedad*[4] de tipos en la Argentina es enorme. *La combinación*[5] de grupos étnicos hace de la Argentina un país casi único en el mundo hispano. Sin embargo, a pesar de las diferencias entre sus habitantes, todos hablan el español; para la mayoría, es su *idioma*[6] natal. Esto lo tienen en común con los demás países de Hispanoamérica.

1. ______________________ 4. ______________________

2. ______________________ 5. ______________________

3. ______________________ 6. ______________________

ACTIVIDAD 2 ¿Cuánto sabes de geografía?

▶ Esta actividad va a probar tus conocimientos de la geografía dentro y fuera del mundo hispano.

Paso 1. Usando las pistas a continuación, escribe el nombre del país que se describe y la nacionalidad de sus habitantes. Puedes usar un mapa del mundo para ayudarte, si quieres.

MODELO: Este país está situado al norte de los Estados Unidos. Allí muchas personas hablan dos idiomas: el inglés y el francés. → Es *el Canadá*. Los habitantes son *canadienses*.

Países: Alemania, Camboya, la Corea del Sur, Grecia, Haití, la India, Irlanda, Polonia

1. Este país está en Europa, entre Alemania y Rusia. El Papa Juan Pablo II es nacional de este país.

   ____

2. Este país también está en Europa. Está situado al este de Francia y al norte de Suiza. Algunas de sus ciudades importantes son Berlín y Hamburgo.

   ____

3. Parte de este país está rodeada por el mar Mediterráneo. Se encuentra al sur de Bulgaria. Su ciudad capital es Atenas.

   ____

4. Este país está en una isla, al oeste de Inglaterra. Su capital es Dublín.

   ____

5. Este país está en Asia. Está situado al oeste de Japón, y su capital es Seúl.

   ____

6. Este país también está en Asia, entre Tailandia y Vietnam. Su capital es Phnom Penh.

   ____

7. Después de China, éste es el país más grande de Asia. Está situado al sur de China y al este de Pakistán. Su capital es Nueva Delhi.

   ____

8. Este país comparte una isla del Caribe con la República Dominicana. Allí se habla francés.

   ____

Nombre ______________________ Fecha ______________

Paso 2. Ahora, escribe cinco definiciones parecidas a las del Paso 1, pero solamente de países del mundo hispano.

1. ____
____

2. ____
____

3. ____
____

4. ____
____

5. ____
____

CON TUS PROPIAS PALABRAS

▶ **¿Quién soy y de dónde vengo?** Todos nos hacemos estas preguntas. ¿Sabes tú cuál es tu herencia cultural y étnica? Si lo sabes, ¿qué tiene que ver con quién y cómo eres? Averigua cuáles son tus orígenes. ¿De dónde vinieron tus abuelos? ¿y tus bisabuelos? También averigua qué costumbres y creencias tenían ellos, y qué idioma(s) hablaban. Luego, piensa en tu propio medio ambiente, es decir, en la cultura en que vives. ¿Cómo ha influido en ti esta cultura? Por último, piensa en cómo la mezcla de tu herencia cultural y el ambiente en que vives han contribuido a hacer de ti la persona que eres.

Paso 1. Usa un diagrama Venn para comparar la información que averiguaste sobre tu herencia con tus pensamientos sobre tu propia cultura. En uno de los círculos, escribe todo lo que aprendiste sobre tus orígenes. En el segundo, escribe las costumbres, creencias etcétera, del ambiente en que vives. En el espacio que comparten los dos círculos, escribe todo lo que se refiere a ti.

Los componentes culturales

la comida
las costumbres o creencias
la filosofía de la vida
los gestos
la lengua
la música
la personalidad
la religión

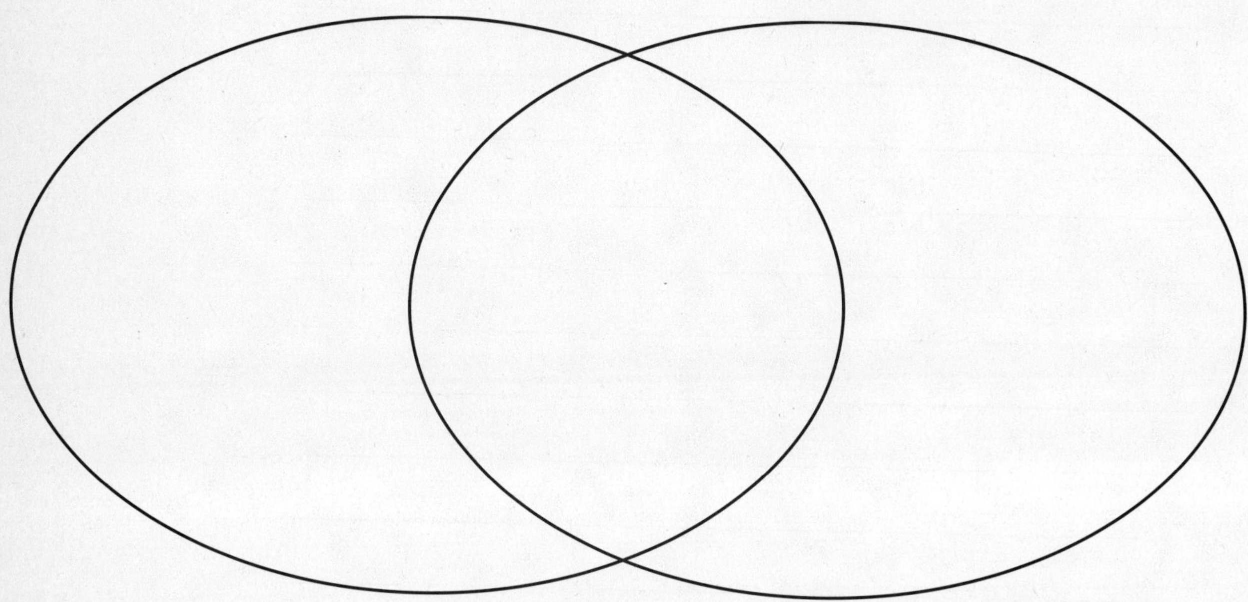

Paso 2. Ahora, escribe tu composición. Empieza con la información que aprendiste sobre tus orígenes. Luego, escribe la información sobre tu propia cultura. Finalmente, escribe todo lo que puedes sobre tu personalidad y la persona que eres. Y para concluir, escribe cómo tu herencia cultural y tu propio medio ambiente o cultura han hecho de ti la persona que eres.

Frases útiles

Para hablar de tus orígenes:

Mis (bis)abuelos eran de...	*My (great-)grandparents were from . . .*
Ellos eran muy conservadores (inteligentes, ...)	*They were very conservative (intelligent, . . .)*
Ellos hablaban...	*They spoke . . .*
La comida típica de su pueblo era...	*The typical food of their town was . . .*

Nombre _______________ Fecha _______________

Para hablar de tu medio ambiente:

Yo soy de...	*I'm from . . .*
Las personas a mi alrededor son independientes (tranquilos, ...)	*The people around me are independent (calm, . . .)*
Nosotros hablamos...	*We speak . . .*
Nuestra comida típica es...	*Our typical food is . . .*

Para hablar de lo que se refiere a ti:

En mí hay una mezcla de dos (tres, ...) grupos étnicos distintos.	*In me there is a mixture of two (three, . . .) different ethnic groups.*
Soy un poco conservador(a), pero a veces tengo ideas liberales.	*I'm a bit conservative, but sometimes I have liberal ideas.*

Nombre ______________________ Fecha ______________________

PASAPORTE CULTURAL 5

El Caribe

▶ Para hacer estas actividades, consulta el Pasaporte cultural 5 en las páginas 277–280 de tu libro.

ACTIVIDAD 1 ¿Cuánto sabes del Caribe?

▶ Escribe la opción correcta en el espacio.

1. El deporte más popular en el Caribe es ____.
   a. el béisbol c. el jai alai
   b. el fútbol d. la natación

2. La «Perla de las Antillas» es el nombre que se le da a ____.
   a. Puerto Rico c. Cuba
   b. la República Dominicana

3. Se les llama «boricuas» a los ____.
   a. dominicanos c. bolivianos
   b. cubanos d. puertorriqueños

4. El nombre del mar Caribe viene del nombre de ____.
   a. unas frutas c. unas tribus
   b. unos pescados d. unos templos

5. ____ ¿Cuál de las siguientes palabras viene del idioma taino?
   a. barbacoa c. iguana
   b. canoa d. *a*, *b* y *c*

6. La cultura de las naciones del Caribe está muy influida por las tradiciones ____.
   a. indígenas c. africanas
   b. europeas d. *a*, *b* y *c*

ACTIVIDAD 2 La cultura

▶ Indica si las siguientes oraciones son ciertas (C) o falsas (F).

1. ____ En todos los países caribeños se habla inglés, francés y español.
2. ____ El día de San Juan Bautista, los puertorriqueños se meten al mar a mediodía.
3. ____ Nicolás Guillén era poeta cubano del siglo XX.
4. ____ San Juan Bautista es el santo patrón de Puerto Rico.
5. ____ La identidad cubana no es un tema importante de la literatura de ese país.
6. ____ El sistema de gobierno de Puerto Rico es parecido al del gobierno nacional de los Estados Unidos.
7. ____ En el Caribe nunca se comen frutas y verduras.

ACTIVIDAD 3 La cocina y las tradiciones

▶ Escribe oraciones completas para contestar las siguientes preguntas.

1. Imagínate que te visitan algunas personas de varios países hispanos del Caribe. ¿Qué les servirás de comer para que a todos les guste el almuerzo?

____

____

2. ¿Quiénes son algunos escritores cubanos importantes, y en qué siglo vivía (o vive) cada uno?

____

____

Nombre ______________________ Fecha ______________

LA FORMACIÓN PROFESIONAL

ESCRÍBELO TÚ

VOCABULARIO

ACTIVIDAD 1 **Asociaciones:** Las profesiones

▶ Escribe la profesión u oficio de la lista que asocias con cada palabra.

el/la analista de sistemas
el arquitecto / la arquitecta
el banquero / la banquera
el bombero / la mujer bombero
el cirujano / la cirujana
el/la electricista
el funcionario / la funcionaria
el meteorólogo / la meteoróloga
el músico / la música
el piloto / la pilota

1. ______________________ el avión
2. ______________________ la burocracia
3. ______________________ las canciones
4. ______________________ las computadoras
5. ______________________ los cortos circuitos
6. ______________________ los edificios
7. ______________________ las finanzas

8. ______________________ el incendio

9. ______________________ las operaciones

10. ______________________ el pronóstico del tiempo

ACTIVIDAD 2 Si yo fuera...

▶ Escribe por lo menos dos cosas que harías si tuvieras las siguientes profesiones. Usa frases de la lista u otras, si quieres. Sigue el modelo.

MODELO: Si yo fuera músico/a, →
Si yo fuera músico/a, *tocaría* música clásica y *practicaría* todos los días.

Frases útiles

construir muebles
crear cosas
cuidar a gatos, perros y pájaros
dar clases sobre la nutrición (la sanidad, ...)
dirigir negocios en otros países
diseñar edificios grandes (interesantes, ...)
enfocarme en la construcción de casas
especializarme en la cirugía plástica (reconstructiva...)
(no) ir a la oficina todos los días
operar sólo a pacientes ricos
trabajar con la gente pobre
trabajar en una granja

1. Si yo fuera arquitecto/a, ______________________

____

2. Si yo fuera cirujano/a, ______________________

____

3. Si yo fuera obrero/a en una fábrica, ______________________

____

4. Si yo fuera trabajador(a) social, ______________________

____

5. Si yo fuera veterinario/a, ______________________

____

6. Si yo fuera jefe/a de una empresa, ______________________

____

Nombre ______________________ Fecha ______________

¿CUÁNTO SABES YA?

AUTOPRUEBA

ACTIVIDAD **Los preparativos de Elena**

▶ Elena está en su último año de colegio y piensa ir a la universidad el año que viene. Completa lo que ella le cuenta a su amiga Consuelo sobre sus preparativos.

Paso 1. Llena los espacios en blanco con la forma correcta del verbo **haber** y el participio pasado de uno de los verbos de la lista.

he, has, ha, hemos, habéis, han + decir, escoger, explicar, hablar, hacer, pagar, tomar, visitar

ELENA: Creo que ________ ____________[1] casi todo lo necesario para poder matricularme en la universidad. Mis padres y yo ________ ____________[2] el «campus». Ellos ________ ____________[3] con los administradores sobre la seguridad de los estudiantes y el costo de la matrícula. Un consejero me ________ ____________[4] cómo cumplir con los requisitos y yo ________ ____________[5] las clases para el otoño. Incluso ________ ____________[6] el depósito para una residencia estudiantil.

CONSUELO: ¿Y ________ ____________[7] los exámenes de entrada también?

ELENA: Bueno, te ________ ____________[8] que «casi todo», ¿no?

Paso 2. Ahora, llena los espacios en blanco con el presente de subjuntivo de uno de los verbos de la lista.

dar permitir tener

CONSUELO: Pero, ¿no tienes que aprobar los exámenes antes de que ellos te ___________[1] matricularte?

ELENA: Voy a tomar los exámenes cuando la universidad los ___________[2] en abril. No quiero tomarlos hasta que mi hermana mayor ___________[3] tiempo para ayudarme a estudiar un poco.

Paso 3. Finalmente, llena los espacios con la forma correcta de una de las palabras de la lista.

mi nuestro su tu

CONSUELO: ¿Y qué dicen ___________[1] padres sobre los planes que tienes?

ELENA: ¿___________[2] padres? Pues, tienen confianza en ___________[3] hija. Además, saben que los estudiantes de ___________[4] escuela siempre salen bien.

Nombre ______________________ Fecha ______________

PRACTICA UN POCO

GRAMÁTICA

¿HAS PENSADO EN EL FUTURO? Past Participles; Present Perfect; Present Perfect Subjunctive

Conexión gramatical
Estudia las páginas 298–299 en **¿Por qué lo decimos así?**

EJERCICIO 1 **Cómo perder un trabajo**

▶ Paco tiene varios problemas en hacer bien su trabajo. Mira los dibujos y completa las oraciones con la forma correcta de los verbos de la lista. Usa el presente perfecto de indicativo o de subjuntivo, según la oración.

acostarse	hacer
comprar	ir
decir	levantarse
dormir	llegar

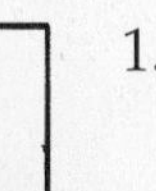

1. Son las ocho de la mañana y Paco todavía no ______________________.

2. Es probable que él ______________________ antes de la una de la mañana.

3. Paco ______________________ tarde al trabajo tres veces esta semana.

4. Su jefe le ________________________________ que la próxima vez va a perder el trabajo.

5. Es dudoso que Paco ________________________________ algo para poder llegar a tiempo.

6. No ________________________________ un despertador nuevo.

7. ________________________________ a fiestas casi todas las noches.

8. ¡Pero hoy piensa llegar a tiempo porque ________________________________ con la ropa puesta!

Nombre ______________________ Fecha ______________

NO TE OFRECEMOS EL PUESTO A MENOS QUE TENGAS MUCHA MOTIVACIÓN
Conjunctions That Always Take Subjunctive

Conexión gramatical
Estudia las páginas 301–302 en **¿Por qué lo decimos así?**

EJERCICIO 2 La decisión de Javier

▶ ¡Por fin! Javier de Iturbe ha decidido estudiar para ser consejero. Describe los pasos que va a seguir. Completa las oraciones de dos maneras, usando una frase de cada grupo.

Grupo 1:

- en caso de que ella tenga otras sugerencias
- sin que sus padres le aconsejen sobre los cursos que debe tomar
- para que sus padres no tengan que pagar todos sus gastos
- a menos que ya hayan salido de vacaciones
- en caso de que ellos se opongan a que estudie para ser consejero

Grupo 2:

- para ganar dinero
- para escuchar sus consejos
- antes de escoger sus cursos
- antes de matricularse
- sin leer todo el catálogo de cursos

1. Javier va a consultar con sus padres...

____

____

2. También va a hablar con sus amigos...

____

____

3. Volverá a hablar con la consejera...

____

____

4. No se matriculará...

____

____

5. Trabajará todo el verano...

____

____

EJERCICIO 3 ¡Tengo que trabajar!

Bernardo está convencido de que necesita trabajar, y va a dedicarse por completo a conseguir un buen trabajo. Aquí ha escrito algunas de sus ideas, pero necesita ayuda para completarlas. Completa cada oración con una frase de la lista. Usa el infinitivo o el subjuntivo de los verbos, según el caso.

aceptar un trabajo
aconsejarme sobre una carrera
ayudarme a conseguir trabajo
contratarme (alguien)
decirme cómo encontrar trabajo
entrevistarme (alguien) para un trabajo
saber cuáles son mis intereses y metas
ya tener experiencia

1. Hablaré con el consejero para que ______________________.
2. Leeré unos libros en caso de que ______________________.
3. No tomaré ninguna clase a menos que la clase ______________________

____.
4. Haré un inventario para ______________________.
5. No puedo conseguir experiencia sin que ______________________.
6. Pero nadie me querrá contratar a menos que ______________________.
7. Me prepararé bien antes de que ______________________.
8. Lo comentaré mucho con mis padres antes de ______________________.

Nombre _______________ Fecha _______________

TU CARRERA Y LA MÍA
Possessive Adjectives; Possessive Pronouns

Conexión gramatical
Estudia la página 303 en
¿Por qué lo decimos así?

EJERCICIO 4 Las opiniones de Héctor

▶ Héctor tiene algunas opiniones firmes, pero también siempre quiere saber las tuyas y las de tus amigos. Contéstale usando el pronombre posesivo apropiado.

MODELO: Mis clases son fáciles. ¿Y las de ustedes? →
Las nuestras son fáciles también.

1. Mis intereses son el dinero y las vacaciones. ¿Y los tuyos?

____

2. Mi meta más importante es tener un trabajo importante. ¿Y la tuya?

____

3. Mi profesión preferida es la de médico. ¿Y la de tu hermana?

____

4. Juan dice que su pesadilla es recibir siempre un sueldo bajo. ¿Y la de ustedes?

____

5. Mi mayor esperanza es vivir en Florida. ¿Y la tuya?

____

6. Mi entrenamiento escolar ha sido excelente. ¿Y el de los otros estudiantes de tu escuela?

____

7. Mi futuro está ya decidido. ¿Y el tuyo?

____

HABLANDO DEL PASADO

EL PRETÉRITO Y EL IMPERFECTO

▶ La Sra. Roldán es consejera en un colegio de Montevideo. Ya en casa, le cuenta a su esposo la reunión que tuvo esta tarde con un estudiante llamado Javier. Completa su historia con la forma correcta de los verbos de la lista. **¡Ojo!** La mitad de los verbos deben estar en el pretérito, y la otra mitad en el imperfecto.

dar	llegar	ser
deber	rechazar	sugerir
evaluar	saber	tener
ir		

Pues, sí, el pobre ____________[1] a mi oficina muy desesperado porque, según él, todos sus amigos ya ____________[2] lo que ____________[3] a estudiar en la universidad y él todavía no ____________[4] ni idea de la facultad que ____________[5] escoger. Antes de entrevistarlo, yo le ____________[6] un inventario para saber cuáles ____________[7] sus intereses. Pero en vez de concentrarse en una sola profesión de la lista, él las ____________[8] todas, una por una. Yo entonces ____________[9] sus respuestas y le ____________[10] una profesión que lo dejó totalmente sorprendido.

Nombre ______ Fecha ______

LECTURA: CLAVE AL MUNDO HISPANO

SOBRE EL AUTOR El dramaturgo Osvaldo Dragún nació en 1929 en Entre Ríos, Argentina. Es uno de los escritores responsables por la renovación del drama argentino. Entre su vasta obra dramática se encuentra su famosa colección *Historias para ser contadas*, que se publicó en 1959 y que se trata de la deshumanización de los seres humanos en un mundo demasiado industrializado y mecanizado.

A PROPÓSITO Tres actores y una actriz cuentan esta historia. A veces actúan como narradores, y otras veces hacen los papeles de los personajes. El **Actor 1** es el personaje principal, la **Actriz** es su esposa y los **Actores 2** y **3** son los jefes del **Actor 1**. La **Actriz** y los **Actores 2** y **3**, como actores, son amigos del **Actor 1**. Es necesario leer con cuidado las acotaciones para saber quién habla. **Al público** significa que alguien se dirige a los espectadores.

HISTORIA DEL HOMBRE QUE SE CONVIRTIÓ EN PERRO (ADAPTADA)

ACTOR 2: Amigos, la tercera historia vamos a contarla así...

ACTOR 3: Así como nos la contaron esta tarde a nosotros.

ACTRIZ: Es la «Historia del hombre que se convirtió en perro».

ACTOR 3: Empezó hace dos años, en el banco° de una plaza...

ACTOR 2: Allí lo conocimos. (*Entra el* ACTOR 1.) Era... (*lo señala*°) así como lo ven, nada más. Y estaba muy triste.

ACTRIZ: Fue nuestro amigo. Él buscaba trabajo, y nosotros éramos actores.

ACTOR 3: Él debía mantener a su mujer,° y nosotros éramos actores.

ACTOR 2: Él soñaba con la vida, y despertaba gritando por la noche. Y nosotros éramos actores.

banco: *bench*

lo... he points at him

mujer: esposa

ACTRIZ: Fue nuestro gran amigo, claro. Así como lo ven... (*Lo señala.*) Nada más.

TODOS: ¡Y estaba muy triste!

ACTOR 3: Pasó el tiempo. El otoño...

ACTOR 2: El verano...

ACTRIZ: El invierno...

ACTOR 3: La primavera...

ACTOR 1: ¡Mentira! Nunca tuve primavera.

ACTOR 2: El otoño...

ACTRIZ: El invierno...

ACTOR 3: El verano. Y volvimos. Y fuimos a visitarlo, porque era nuestro amigo.

ACTOR 2: Y preguntamos: «¿Está bien?» Y su mujer nos dijo...

ACTRIZ: No sé.

ACTOR 3: ¿Está mal?

ACTRIZ: No sé.

ACTORES 2 Y 3: ¿Dónde está?

ACTRIZ: En la perrera.° (ACTOR 1 *en cuatro patas.*) — *kennel*

ACTORES 2 Y 3: ¡Uhhh!

ACTOR 1: (*Al público.*) Y yo, ¿qué les puedo decir? No sé si soy hombre o perro... Fui a una fábrica a buscar trabajo...

ACTOR 3: ¿No leyó el letrero? «NO HAY VACANTES°» — *Openings*

ACTOR 1: Sí, lo leí. ¿No tiene nada para mí?

ACTOR 3: Si dice «No hay vacantes», no hay.

ACTOR 1: Claro. ¿No tiene nada para mí?

ACTOR 3: ¡Ni para usted ni para el ministro!

ACTOR 1: ¡Ahá! ¿No tiene nada para mí?

ACTOR 3: ¡NO!

ACTOR 1: Tornero°... — *Lathe operator*

ACTOR 3: ¡NO!

ACTOR 1: Mecánico...

ACTOR 3: ¡NO!

ACTOR 1: ¡Sereno°! ¡Sereno! ¡Aunque sea de sereno! — *Nightwatchman*

ACTRIZ: (*Como si tocara un clarín.°*) ¡Tutú tu-tu-tú! ¡El patrón°! — *clarion (kind of trumpet) / foreman*

(*Los* ACTORES 2 Y 3 *hablan por señas.°*) — *signs*

ACTOR 3: (*Al público.*) El perro del sereno, señores, había muerto° la noche anterior, luego de° veinticinco años de lealtad.° — había... *had died*; luego... después de / *loyalty*

ACTOR 2: Era un perro muy viejo.

ACTRIZ: Amén.

ACTOR 2: (*Al* ACTOR 1.) ¿Sabe ladrar°? — *to bark*

ACTOR 1: Tornero.

ACTOR 2: ¿Sabe ladrar?

ACTOR 1: Mecánico...

ACTOR 2: ¿Sabe ladrar?

ACTOR 1:	Albañil°...	*Bricklayer*
ACTORES 2 Y 3:	¡NO HAY VACANTES!	
ACTOR 1:	(*Pausa.*) ¡Guau..., guau!...	
ACTOR 2:	Muy bien, lo felicito°...	lo... *I congratulate you*
ACTOR 3:	Le asignamos diez pesos diarios de sueldo, la casilla° y la comida.	casa de perro
ACTOR 2:	Como ven, ganaba diez pesos más que el perro verdadero.	
ACTRIZ:	Cuando volvió a casa me contó del empleo conseguido.	
ACTOR 1:	(*A su mujer.*) Pero me prometieron que apenas un obrero se jubilara, muriera o fuera despedido,° me darían su puesto. ¡Divertite,° María, divertite! ¡Guau..., guau!... ¡Divertite, María, divertite!	apenas... *as soon as a worker retired, died, or was fired* / Diviértete (*Arg.*)
ACTORES 2 Y 3:	¡Guau..., guau!... Divertite, María, divertite!	
ACTOR 1:	Y a la otra° noche empecé a trabajar... (*Se agacha° en cuatro patas.*)	próxima / Se... *He crouches*
ACTOR 2:	¿Tan chica le queda la casilla?°	¿Tan... *Is the doghouse too small for you?*
ACTOR 1:	No puedo agacharme tanto.	
ACTOR 3:	¿Le aprieta° aquí?	¿Le... *Is it pinching you*
ACTOR 1:	Sí.	
ACTOR 3:	Bueno, pero vea, no me diga «sí». Tiene que empezar a acostumbrarse.° Dígame: «¡Guau..., guau!...»	*get used to it*
ACTOR 2:	¿Le aprieta aquí? (*El* ACTOR 1 *no responde.*) ¿Le aprieta aquí?	
ACTOR 1:	¡Guau..., guau!...	
ACTOR 2:	Y bueno... (*Sale.*)	
ACTOR 1:	Pero esa noche llovió, y tuve que meterme en° la casilla.	meterme... *get into*
ACTOR 2:	(*Al* ACTOR 3.) Ya no le aprieta...	
ACTOR 3:	Y está en la casilla.	
ACTOR 2:	(*Al* ACTOR 1.) ¿Vio cómo uno se acostumbra a todo?	
ACTRIZ:	Uno se acostumbra a todo...	
ACTORES 2 Y 3:	Amén...	
ACTRIZ:	Y él empezó a acostumbrarse.	
ACTOR 3:	Entonces, cuando vea que alguien entra, me grita: «¡Guau..., guau!» A ver...	
ACTOR 1:	(*El* ACTOR 2 *pasa corriendo.*) ¡Guau..., guau!... (*El* ACTOR 2 *pasa sigilosamente.°*) ¡Guau..., guau!... (*El* ACTOR 2 *pasa agachado.*) ¡Guau..., guau..., guau!... (*Sale.*)	*stealthily*
ACTOR 3:	(*Al* ACTOR 2.) Son diez pesos por día extra en nuestro presupuesto°...	*budget*
ACTOR 2:	¡Mmm!	
ACTOR 3:	...pero la aplicación° que pone el pobre los merece...	esfuerzo
ACTOR 2:	¡Mmm!	

ACTOR 3: Además, no come más que el muerto...
ACTOR 2: ¡Mmm!
ACTOR 3: ¡Debemos ayudar a su familia!
ACTOR 2: ¡Mmm! ¡Mmm! ¡Mmm! (*Salen.*)
ACTRIZ: Sin embargo, yo lo veía muy triste, y trataba de consolarlo cuando él volvía a casa...
ACTOR 1: ¡Esto no lo aguanto° más! ¡Voy a hablar con el patrón!

no... *I can't stand it*

(*Entran los* ACTORES 2 Y 3.)
ACTOR 3: Es que no hay otra cosa...
ACTOR 1: Me dijeron que un viejo se murió.
ACTOR 3: Sí, pero estamos de economía.° Espere un tiempo más, ¿eh?

estamos... *we don't have the money*

ACTRIZ: Y esperó. Volvió a los tres meses.
ACTOR 1: (*Al* ACTOR 2.) Me dijeron que uno se jubiló...
ACTOR 2: Sí, pero pensamos cerrar esa sección. Espere un tiempito más, ¿eh?
ACTRIZ: Y esperó. Volvió a los dos meses.
ACTOR 1: (*Al* ACTOR 3.) Déme el empleo de uno de los que echaron° por la huelga...

you threw out

ACTOR 3: Imposible. Sus puestos quedarán vacantes...
ACTORES 2 Y 3: ¡Como castigo°! (*Salen.*)

punishment

ACTOR 1: Entonces no pude aguantar más... ¡y planté°!

I quit

ACTRIZ: ¡Fue nuestra noche más feliz en mucho tiempo!
(*Entran los* ACTORES 2 Y 3.)
ACTOR 2: Por supuesto...
ACTOR 3: ...y a la mañana siguiente...
ACTORES 2 Y 3: Debió volver a buscar trabajo.
ACTOR 1: Recorrí° varias partes, hasta que en una...

Fui a

ACTOR 3: *Vea, este°... No tenemos nada. Salvo que°...*

hmmm... / Salvo... *Except*

ACTOR 1: ¡Qué?
ACTOR 3: Anoche murió el perro del sereno.
ACTOR 2: Tenía treinta y cinco años, el pobre...
ACTORES 2 Y 3: ¡El pobre!...
ACTOR 1: Y tuve que volver a aceptar.
ACTOR 2: Eso sí, le pagábamos quince pesos por día. (*Los* ACTORES 2 Y 3 *dan vueltas.*) ¡Hmm!... ¡Hmmm!... ¡Hmmm!...
ACTORES 2 Y 3: ¡Aceptado! ¡Que sean° quince! (*Salen.*)

¡Que... *Let it be*

ACTRIZ: (*Entra.*) Claro que cuatrocientos cincuenta pesos no nos alcanza para pagar el alquiler°...

rent

ACTOR 1: Mirá,° como yo tengo la casilla, mudate vos a una pieza° con cuatro o cinco muchachas más, ¿eh?

Mira (*Arg.*) / *room, flat*

ACTRIZ: No hay otra solución. Y como no nos alcanza tampoco para comer...
ACTOR 1: Mirá, como yo me acostumbré al hueso, te voy a traer la carne a vos, ¿eh?

(*Salen los* ACTORES 2 Y 3.)

ACTOR 1: Yo ya me había acostumbrado.° La casilla me parecía más grande. Andar en cuatro patas no era muy diferente de andar en dos. Con María nos veíamos en la plaza... (*Va hacia ella.*) Porque vos no podéis entrar en mi casilla; y como yo no puedo entrar en tu pieza... Hasta que una noche... — me... *had gotten used to it*

ACTRIZ: Paseábamos. Y de repente me sentí mal...

ACTOR 1: ¿Qué te pasa?

ACTRIZ: Tengo mareos.° — *dizzy spells*

ACTOR 1: ¿Por qué?

ACTRIZ: (*Llorando.*) Me parece... que voy a tener un hijo...

ACTOR 1: ¿Y por eso llorás?

ACTRIZ: ¡Tengo miedo..., tengo miedo!

ACTOR 1: Pero ¿por qué?

ACTRIZ: ¡Tengo miedo..., tengo miedo! ¡No quiero tener un hijo!

ACTOR 1: ¿Por qué, María? ¿Por qué?

ACTRIZ: Tengo miedo... que sea... (*Musita° «perro». El* ACTOR 1 *la mira aterrado,° y sale corriendo y ladrando. Cae al suelo. Ella se pone en pie.*) ¡Se fue..., se fue corriendo! A veces se paraba,° y a veces corría en cuatro patas... — *She whispers* / *terrified* / se... *he stood up*

ACTOR 3: (*Entra.*) En fin, que cuando, después de dos años sin verlo, le preguntamos a su mujer. «¿Cómo está?», nos contestó...

ACTRIZ: No sé.

ACTOR 2: ¿Está bien?

ACTRIZ: No sé.

ACTOR 3: ¿Está mal?

ACTRIZ: No sé.

ACTORES 2 Y 3: ¿Dónde está?

ACTRIZ: En la perrera.

ACTOR 3: Y cuando veníamos para acá...

ACTOR 2: ...pasaron ustedes. Y pensamos que tal vez podría importarles la historia de nuestro amigo...

ACTRIZ: Porque tal vez entre ustedes haya ahora una mujer que piense: «¿No tendré..., no tendré... ?» (*Musita: «perro».*)

ACTOR 3: O alguien a quien le hayan ofrecido el empleo del perro del sereno...

ACTRIZ: Si no es así, nos alegramos.

ACTOR 2: Pero si es así, si entre ustedes hay alguno a quien quieran convertir en perro, como a nuestro amigo, entonces... Pero, bueno, entonces ésa..., ¡ésa es otra historia!

(*Telón.*)

ACTIVIDAD 1 Los sucesos de la historia

▶ Indica si las siguientes oraciones son ciertas o falsas, según el drama que acabas de leer.

1. El Actor 1 esperaba encontrar trabajo en la fábrica pero el letrero decía «NO HAY VACANTES». C F
2. El Actor 1 consiguió trabajo de sereno. C F
3. El sereno había muerto la noche anterior. C F
4. El sueldo que le pagaban al Actor 1 era mayor que el sueldo que recibía el perro muerto. C F
5. Al Actor 1 le apretaba la casilla del perro. C F
6. El hombre pensaba que le iban a dar otro trabajo. C F
7. El hombre no quiso aceptar un trabajo normal. C F
8. El hombre no pudo aguantar más y dejó el puesto. C F
9. Decidió no buscar otro trabajo. C F
10. Aceptó el segundo puesto de perro porque le gustaba. C F
11. El hombre decidió vivir en la casilla para ahorrar dinero para comprar una casilla nueva. C F
12. La mujer tuvo que irse a vivir con otras mujeres. C F
13. El hombre no sabía al final si era perro u hombre. C F
14. A veces el hombre corría en cuatro patas. C F
15. La mujer tenía miedo de tener un niño porque no tenían bastante dinero. C F

Nombre ______________________ Fecha ______________

ACTIVIDAD 2 Conclusiones

▶ ¿Qué conclusiones se puede hacer de esta historia?

Paso 1. Indica cuál de las siguientes conclusiones es, en tu opinión, la más importante o acertada.

a. Es común tener que aceptar un puesto muy bajo al principio.

b. El ser humano puede acostumbrarse a cualquier situación.

c. El mundo del comercio le quita al hombre algo de su humanidad.

d. Es fácil conseguir un trabajo cuando uno/a ya tiene experiencia.

e. El capitalismo explota a los trabajadores.

f. El gobierno tiene que crear trabajo para todos.

Paso 2. Escribe un breve párrafo para explicar por qué escogiste esa conclusión.

____

____

____

____

____

____

Nombre ______________________ Fecha ______________________

¿QUÉ PUESTO QUIERES CONSEGUIR?

ESCRÍBELO TÚ

VOCABULARIO

ACTIVIDAD 1 **Se necesitan empleadas**

▶ Maricarmen está buscando empleo, y habla con su amiga Dorotea sobre su última experiencia. Completa su conversación con las palabras de la lista.

ascensos	elogiaron	les caí bien
aumento	empresa	oferta de empleo
currículum	entrevista	solicitud de empleo
director de personal		

DOROTEA: En fin, esta mañana tuviste la segunda ________________[1] con la compañía de los Hermanos Paquín, ¿no?

MARICARMEN: Sí, la segunda... ¡y la última! Nunca trabajaría en una ________________[2] así.

DOROTEA: Pero, ¿qué ha pasado? Después de la primera entrevista pensabas que ellos iban a hacerte una ________________[3].

MARICARMEN: Sí, es cierto, yo pensaba que ________________[4] a todos los jefes de la compañía.

DOROTEA: Y me dijiste que hablaron muy bien de ti, que te ________________[5] por tus habilidades y tu experiencia, ¿verdad?

MARICARMEN: ¡Claro! También parecían muy impresionados con el ________________[6] que les di y la ________________________[7] que llené.

DOROTEA: Entonces, ¿por qué estás tan enfadada?

MARICARMEN: Pues, yo les dije que el sueldo que me ofrecieron era bastante bajo, y les pregunté si era posible recibir un ________________[8] después de un período de tiempo. También les pregunté si a los empleados les dan ________________[9] cuando los merecen, o sea, si son muy trabajadores...

DOROTEA: ¿Y... ?

MARICARMEN: ...y me dijeron que la posición no era una de ésas, que mi trabajo consistiría en barrer el piso, hacerles café a todos los otros empleados y, después, ¡cuidar a los niños del ________________________[10]!

ACTIVIDAD 2 ¡Jefe/a por un día!

▶ Imagínate que eres el jefe / la jefa de una gran empresa por un día y que tienes que escribir una lista de consejos para algunas situaciones en que los empleados pueden encontrarse. Completa las siguientes oraciones con una frase de la lista u otra, si quieres. **¡Ojo!** Cuidado con el uso del subjuntivo, del indicativo y del infinitivo.

MODELO: Si ustedes se levantan con el pie izquierdo, les aconsejo que... →
Si ustedes se levantan con el pie izquierdo, les aconsejo que *vuelvan* a casa.

Frases útiles: buscar ayuda, buscar trabajo en otra compañía, darme las gracias, hablar con esa persona, portarse bien, tener una fiesta, vestirse bien, volver a casa

Nombre ______________________ Fecha ______________

1. Si ustedes se levantan con el pie izquierdo, les aconsejo que...

____

2. Si reciben un aumento de sueldo, quiero que...

____

3. Si quieren que yo les escriba una carta de recomendación, les sugiero que...

____

4. Si les cae mal un compañero / una compañera de trabajo, les recomiendo que...

____

5. Si no pueden terminar un proyecto, tienen que...

____

6. Si no pueden cumplir con las reglas de la empresa, deben...

____

7. Cuando un compañero / una compañera de trabajo recibe un ascenso, es necesario...

____

8. Si tienen una entrevista para recibir un ascenso, les aconsejo que...

____

¿CUÁNTO SABES YA?

AUTOPRUEBA

▶ Aquí hay varias situaciones que pueden ocurrir en el mundo del trabajo. Lee las instrucciones para cada una con atención antes de hacer el ejercicio.

ACTIVIDAD **Algunas situaciones posibles en el mundo del trabajo**

Paso 1. Tu jefe/a te pide que les digas a los otros empleados lo que él/ella quiere que hagan. Completa los mandatos que les vas a decir. Sigue el modelo. **¡Ojo!** Las palabras que empiezan cada oración indican si debes usar la forma de **tú** o la forma de **usted**.

MODELO: JEFE/A: Juan tiene que acabar su proyecto para mañana. →
TÚ: Juan, *acaba* tu proyecto para mañana.

1. JEFE/A: Los gerentes tienen que organizar mejor a los trabajadores.

   TÚ: Señores, ______________________________.

2. JEFE/A: Elena debe solicitar un aumento de sueldo.

   TÚ: Elena, ______________________________.

3. JEFE/A: Los vendedores tienen que ser más agresivos.

   TÚ: Señores, ______________________________.

4. JEFE/A: Pablo tiene que llamar al plomero.

   TÚ: Pablo, ______________________________.

5. JEFE/A: El Sr. Presidente debe darles consejos a los directores.

   TÚ: Sr. Presidente, ______________________________.

6. JEFE/A: Carlos debe concentrarse en el control del inventario.

   TÚ: Carlos, ______________________________.

Nombre ______________________ Fecha ______________

Paso 2. Quiero buscar trabajo, pero... Escribe **que** o **quien** en los espacios, según la oración.

1. La consejera con ____________ hablé antes ya no trabaja aquí.
2. La compañía ____________ llamé ayer ha empleado a otra persona.
3. El puesto en ____________ pensaba no apareció en el periódico de ayer.

Paso 3. Trabajas como voluntario/a en el centro de empleos de verano de tu escuela. Usa las palabras entre paréntesis para contestar las preguntas que te hace un(a) estudiante con la forma impersonal del verbo con **se**. Sigue el modelo.

MODELO: ¿Dónde encuentro las solicitudes de empleo? (en el centro estudiantil) →
Las solicitudes de empleo *se encuentran* en el centro estudiantil.

1. ¿Cuándo publican las ofertas de trabajo? (los sábados)

____

____

2. ¿Qué experiencia requieren? (ninguna)

____

____

3. ¿Dónde hacen las entrevistas? (en la biblioteca)

____

____

ABRAN EL PERIÓDICO Y BUSQUEN EL ANUNCIO
Informal and Formal Commands

Conexión gramatical
Estudia las páginas 321–322 en **¿Por qué lo decimos así?**

EJERCICIO 1 Mandatos para cualquier situación

▶ ¿Qué mandatos les darías a estas personas? Usa la imaginación para escribir un mandato afirmativo y otro negativo para cada caso. Sigue el modelo.

Frases útiles: bajar el límite de velocidad, darse prisa, inventar una buena excusa, mirar los anuncios en el periódico

MODELO: A un profesor / una profesora que piensa darles un examen a ustedes: →
¡*Haga* muy fácil el examen!
¡*No nos dé* un examen!

1. A un compañero / una compañera de clase que todavía no ha hecho la tarea, y sólo faltan quince minutos para que empiece la clase:

____

____

2. A un amigo / una amiga que se preocupa porque necesita trabajo:

____

____

3. A un policía / una mujer policía que quiere ponerte una multa por exceso de velocidad:

____

____

4. A algunos compañeros que tienen la música muy alta cuando tú quieres estudiar:

____

____

Nombre ______________________ Fecha ______________

5. A un amigo / una amiga que no quiere graduarse en el colegio:

____

____

EL SEÑOR QUE TE LLAMÓ QUIERE VERTE MAÑANA
Relative Pronouns

Conexión gramatical
Estudia las páginas 324–325 en **¿Por qué lo decimos así?**

EJERCICIO 2 Una entrevista confusa

▶ Joaquín consiguió una entrevista con la compañía Larra, S.A., y quiere contarte lo que pasó. Completa su historia con la forma correcta de una de las palabras o frases de la lista. **¡Ojo!** Dos se usan dos veces.

con quien	lo que
cuyo	para quien
el/la cual	que

JOAQUÍN: Pues, mira, estaba muy satisfecho porque es una compañía ____________[1] productos admiro mucho. Pero esto es ____________[2] pasó. El hombre ____________[3] hablé no era la persona ____________[4] trabajaría si me dieran el trabajo. Era solamente la persona ____________[5] concede las entrevistas. En el cuarto había una pizarra, en ____________[6] él escribió una lista de todos los departamentos de la compañía, pero no me dijo nada sobre el puesto específico ____________[7] ofrecían. No era exactamente ____________[8] yo esperaba. Tampoco sé si la entrevista me salió bien o mal.

ESTE CANDIDATO FUE RECOMENDADO POR EL GERENTE
The Passive Voice with *ser*

Conexión gramatical
Estudia la página 326 en
¿Por qué lo decimos así?

EJERCICIO 3 **¡Ernesto tiene trabajo!**

▶ Ernesto, un estudiante de secundaria, ha tenido éxito en una entrevista. La maestra lo pone de ejemplo para el resto de la clase y describe el proceso por el cual acaba de pasar Ernesto, pero sin usar nombres verdaderos. Completa su descripción con frases en el pasado (con **fue** o **fueron**), usando la forma pasiva de los verbos de la lista.

aceptar	entregar	hacer
conceder	escribir	solicitar
elogiar		

La entrevista ________ ________________[1] por el candidato, y la solicitud de empleo ________ ________________[2] inmediatamente al director de personal de la empresa. Dos recomendaciones ________ ________________[3], una por el Dr. Fulano y otra por la Sra. Mengana. En las cartas el candidato ________ ________________[4] mucho por estas personas. La entrevista ________ ________________[5] por el director de personal. La oferta de empleo ________ ________________[6] por el director dos días después y ésa, junta con todas las condiciones de empleo, ________ ________________[7] por el candidato ese mismo día.

Nombre ______________________ Fecha ______________________

HABLANDO DEL PASADO

EL PRETÉRITO Y EL IMPERFECTO

▶ En realidad, la entrevista de Humberto no fue un desastre. Completa esta descripción de la verdadera entrevista que tuvo, escribiendo la forma correcta del pasado o del imperfecto de uno de los verbos de la lista. **¡Ojo!** Incluye el pronombre reflexivo cuando es necesario.

contestar	esperar	repasar
despedirse	estar	salir
despertarse	irse	tener
entrar	llegar	terminar

La mañana de la entrevista, Humberto ____________[1] bastante temprano para desayunar sin prisa. ____________[2] de casa para ir a la entrevista y ____________[3] con veinte minutos de anticipación. Cuando ____________[4] en la oficina, el director de la empresa ____________[5] la entrevista anterior. Mientras ____________[6], Humberto ____________[7] sus ideas sobre el puesto para estar preparado. Humberto ____________[8] un poco nervioso pero ____________[9] confianza en sí mismo. Humberto ____________[10] las preguntas del director y al final ____________[11] cortésmente de él. Entonces ____________[12] a su casa a esperar el resultado.

LECTURA: CLAVE AL MUNDO HISPANO

A PROPÓSITO Ya leíste la predicción que hace Marco Denevi sobre el final del mundo en su cuento «Apocalipsis». En este cuento, el escritor argentino describe una posible recreación del mundo después de algún suceso catastrófico parecido.

«VOLVER A EMPEZAR»°

Con la última guerra atómica, la humanidad y la civilización desaparecieron. Toda la tierra fue como un desierto calcinado.° En cierta región de Oriente sobrevivió un niño, hijo del piloto de una nave espacial. El niño se alimentaba de° hierbas° y dormía en una caverna. Durante mucho tiempo, aturdido° por el horror del desastre, sólo sabía llorar y clamar por su padre. Después sus recuerdos se oscurecieron,° se disgregaron,° se volvieron arbitrarios y cambiantes como un sueño, su horror se transformó en un vago miedo. A ratos° recordaba la figura de su padre, que le sonreía o lo amonestaba,° o ascendía a su nave espacial, envuelta° en fuego y en ruido, y se perdía entre las nubes. Entonces, loco de soledad, caía de rodillas y le rogaba que volviese.° Entretanto la tierra se cubrió nuevamente de vegetación; las plantas se cargaron° de flores; los árboles, de frutos. El niño, convertido en un muchacho, comenzó a explorar el país. Un día vio un ave. Otro día vio un lobo. Otro día, inesperadamente, se halló° frente a una joven de su edad que, lo mismo que él, había sobrevivido a los estragos° de la guerra atómica.

—¿Cómo te llamas? —le preguntó.

—Eva,—contestó la joven—. ¿Y tú?

—Adán.

Volver... *To begin again*
burned, scorched
se... comía / *grass* / *stunned*
se... *became confused, imprecise* / se... *dissipated*
A... A veces / lo... *admonished him*
wrapped
le... *begged him to return*
se... se llenaron
se... se encontró
ravages

¿QUÉ ENCONTRASTE?

ACTIVIDAD **Un nuevo comienzo**

▶ Escribe oraciones completas para contestar estas preguntas según lo que dice el cuento.

1. ¿Qué causó la destrucción de la humanidad?

____

2. ¿Qué ocupación tenía el padre del niño?

____

Nombre ______________________ Fecha ______________

3. ¿Qué comía el niño? ¿Dónde dormía?

4. ¿Qué hacía el niño mientras todavía estaba aturdido por el horror del desastre?

5. ¿Qué hacía el niño cuando recordaba a su padre?

6. ¿Qué pasaba en la tierra mientras el niño se estaba convirtiendo en muchacho?

7. ¿Qué encontró el muchacho antes de encontrar a la joven?

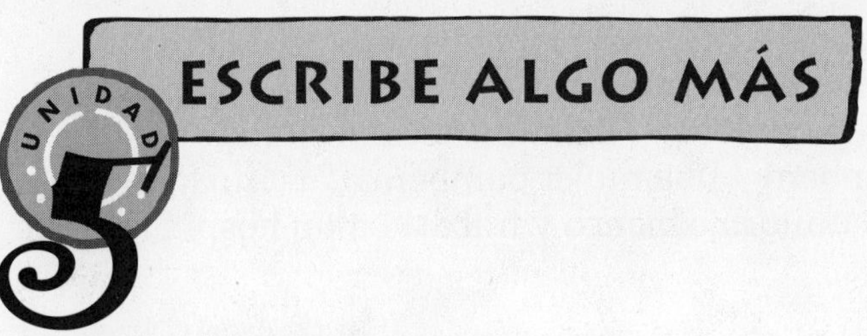

ESCRIBE ALGO MÁS

ACTIVIDAD 1 El juego de los antónimos

▶ Imagínate que tienes un jefe / una jefa un poco pesimista y que quieres hacerlo/la cambiar de actitud. Cambia las palabras indicadas en el siguiente párrafo por el antónimo correcto o la frase opuesta apropiada.

aceptar
aumentar
ascensos
con título
elogiar
estimulante
leales
ofertas de empleo
pedir
prestigiosa

Tu jefe/a te dice: «Mi empresa es cada día más *insignificante*[1]. Creo que voy a tener que *rechazar*[2] más solicitudes de empleo y escribir *cartas de despedida*[3] para muchas personas. También voy a *reducir*[4] los sueldos de todos los empleados *sin grado*[5] universitario. Además, voy a considerar algunos *descensos*[6] de posición para los empleados *desobedientes*[7]. Ah, y también tengo que *reñir*los[8]. Con todo esto, esta compañía será un lugar muy *triste*[9] de trabajar.

1. ______________________ 6. ______________________

2. ______________________ 7. ______________________

3. ______________________ 8. ______________________

4. ______________________ 9. ______________________

5. ______________________

ACTIVIDAD 2 ¿Cuál es la profesión?

▶ Ya crees que eres experto/a de las profesiones y los oficios, ¿verdad? ¡Vamos a ver!

Paso 1. Aquí hay una serie de definiciones pero... ¡las profesiones que definen no son las correctas! Primero, di cuál es la profesión que realmente se describe. Luego, escribe una definición correcta de la profesión dada. Sigue el modelo.

MODELO: Un cirujano / Una cirujana lleva uniforme rojo y trabaja en una estación de bomberos. Extingue los incendios. → No, es un bombero / una mujer bombero. Un cirujano / Una cirujana lleva uniforme blanco y trabaja en un hospital. Opera a los pacientes.

1. Un músico / Una música lleva pantalones azules y trabaja en las casas. Repara cosas en los baños y en las cocinas.

____

____

2. Un camionero / Una camionera lleva traje/vestido y trabaja en un banco. Trabaja con números y con mucho dinero.

____

____

Nombre ______________________ Fecha ______________

3. Un consejero / Una consejera lleva vaqueros y camiseta y trabaja en los edificios en construcción. Construye casas y otros tipos de edificios.

____

____

4. Un veterinario / Una veterinaria lleva ropa formal y trabaja en todo tipo de oficinas. Trabaja con computadoras.

____

____

5. Un(a) electricista lleva ropa formal y trabaja en las casas de personas que tienen problemas. Escucha sus problemas y las ayuda a solucionarlos.

____

____

Paso 2. Ahora, escoge tres profesiones de la lista (u otras, si quieres) y escribe tus propias definiciones de ellas. Después, léeselas a un compañero / una compañera a ver si él/ella puede adivinar la profesión que describes.

el agricultor / la agricultora
el funcionario / la funcionaria
el hombre / la mujer de negocios
el meteorólogo / la meteoróloga
el obrero / la obrera
¿ ?

____

____

____

____

____

____

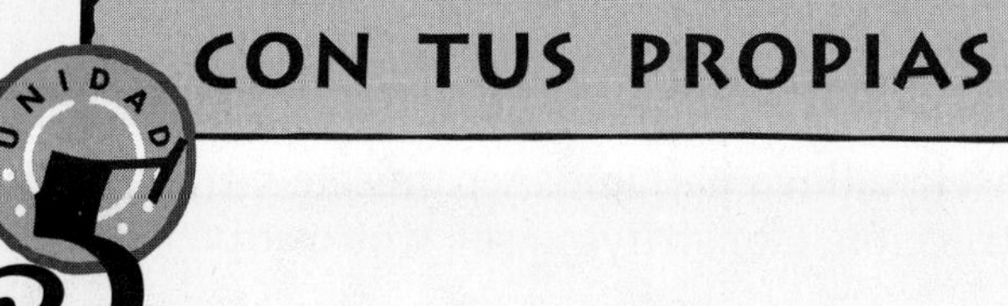

▶ **La profesión ideal.** Todos soñamos con tener la profesión perfecta. Algunos soñamos con tener una profesión en la cual es posible ganar mucho dinero, a otros no nos importa tanto el dinero con tal de que el empleo esté de acuerdo con nuestra personalidad y nos dé satisfacción personal. ¿En cuál de estas categorías te encuentras tú? ¿O estás en una categoría completamente distinta? ¿Cuál es la profesión perfecta para ti y por qué? ¿Qué necesitas hacer para realizar tus metas? ¿Crees que tu profesión te permitirá hacer una diferencia en el mundo? ¿De qué forma?

Paso 1. Contesta las siguientes preguntas con oraciones completas. Escribe más de una idea si es necesario.

1. ¿Cuál es la profesión perfecta o ideal para ti? ¿Por qué?

____

____

2. ¿Qué aspectos de tu personalidad se relacionan con esta profesión?

____

____

3. ¿Por qué prefieres esta profesión a otras?

____

____

4. ¿Se gana mucho dinero en esta profesión o se gana poca?

____

____

5. ¿Te importa más la estabilidad económica que te ofrecerá la profesión o la satisfacción personal que te dará?

____

____

6. ¿Cuáles son algunas de las ventajas de esta profesión? ¿Y cuáles son algunas de las desventajas?

7. ¿Con qué tipo(s) de personas esperas trabajar, o piensas trabajar solo/a? Si piensas trabajar solo/a, ¿por qué?

8. ¿Te dará esta profesión la oportunidad de tener un impacto en la sociedad? ¿De qué manera(s)? Si no, ¿te importa esto o no es el cambio social una de tus metas profesionales?

9. ¿Qué tienes que hacer para lograr esta profesión? Escribe por lo menos tres ideas diferentes. (Empieza así: **Para lograr la profesión perfecta para mí, tengo que...**)

Paso 2. Ahora, en una hoja de papel aparte, escribe tus respuestas en el orden en que las escribiste en el Paso 1. Haz cualquier cambio necesario para que sea una composición digna de ser entregada a tu profesor(a).

MODELO: La profesión perfecta para mí es ser consejero/a porque me interesan los problemas de los demás y quiero poder ayudarlos...

Nombre ______________________ Fecha ______________

PASAPORTE CULTURAL 6

La cuenca del Río de la Plata

▶ Para hacer estas actividades, consulta el Pasaporte cultural 6 en las páginas 331–334 de tu libro.

ACTIVIDAD 1 **¿Cuánto sabes de la cuenca del Río de la Plata?**

▶ Escribe la opción correcta en el espacio.

1. La yerba mate es ____.
   a. una comida b. una bebida c. una medicina d. un veneno

2. En la Argentina y el Uruguay se consume más ____ que en otros países del mundo.
   a. pan b. dulces c. carne d. mantequilla

3. El Paraguay es un país ____.
   a. monolingüe b. bilingüe c. trilingüe

4. La Pampa es una zona ____.
   a. rural b. urbanizada c. extranjera

5. Los dos países más alfabetizados del mundo hispano son ____.
   a. la Argentina y el Uruguay c. la Argentina y el Paraguay
   b. el Uruguay y el Paraguay

6. El número de personas que vive en las ciudades de la región representa ____ por ciento de la población total.
   a. casi el 25 b. casi el 50 c. casi el 75 d. casi el 100

7. ____ ¿En cuál de las siguientes ciudades dejó de ser el español la lengua que hablaba la mayoría de las personas?
   a. en Montevideo c. en Punta del Este
   b. en Asunción d. en Buenos Aires

8. Punta del Este está situado en una península entre ____.
   a. el Río de la Plata y el océano Pacífico
   b. el océano Atlántico y el océano Pacífico
   c. el océano Atlántico y el Río de la Plata

ACTIVIDAD 2 La cultura

▶ En una hoja de papel aparte, escribe oraciones completas para contestar las siguientes preguntas.

1. Si pasas las vacaciones en Punta del Este, ¿qué son varias cosas que puedes hacer allí? Menciona por lo menos tres cosas.
2. Si alguien te pregunta qué es el tango, ¿qué puedes decirle? Menciona de tres a cinco cosas.
3. ¿Qué platos típicos regionales podrás comer si visitas la cuenca del Río de la Plata, suponiendo que *no* eres vegetariano/a?

ACTIVIDAD DE REPASO Los datos esenciales

▶ Repasa las secciones de Datos esenciales de los Pasaportes culturales sobre el Caribe y la cuenca del Río de la Plata. Luego escribe la opción correcta en el espacio.

1. El gobierno de ____ es una república presidencialista socialista.
   a. la Argentina c. Cuba
   b. el Paraguay d. la República Dominicana

2. Montevideo es la capital de ____.
   a. de Puerto Rico c. del Paraguay
   b. del Uruguay d. de Cuba

3. ____ ¿En qué país se habla español y francés criollo?
   a. en Haití c. en Belice
   b. en Puerto Rico d. en la República Dominicana

4. ____ De los países de la cuenca del Río de la Plata, ¿cuál tiene la mayor población?
   a. la Argentina b. el Uruguay c. el Paraguay d. ninguno

5. El dólar estadounidense es la moneda oficial de ____.
   a. el Paraguay b. México c. Puerto Rico d. Cuba

6. En ____, la mayoría de la población es bilingüe: habla español y guaraní.
   a. la República Dominicana c. Puerto Rico
   b. el Paraguay d. el Uruguay

Nombre ______________________ Fecha ______________________

▶ Para hacer estas actividades, consulta el Clásico ilustrado 3 en las páginas 335–338 de tu libro.

ACTIVIDAD 1 ¿Qué pasó?

▶ Habla de los sucesos narrados en la historia del gaucho Martín Fierro.

Paso 1. Indica si las siguientes oraciones son ciertas (C) o falsas (F).

1. Martín Fierro regresa de la frontera y se encuentra con su mujer e hijos. C F
2. Cruz se une a la policía para atacar a Martín Fierro. C F
3. Cruz y Martín Fierro han tenido experiencias similares con el gobierno. C F
4. Martín Fierro y Cruz se unen para defender con su vida la vida gauchesca. C F
5. Cruz y Martín Fierro descubren que los indios van a matar a una mujer que tienen cautiva. C F
6. Martín Fierro quiere casarse con la mujer. C F
7. Cruz y Martín Fierro deciden rescatar a la mujer y a su hijo. C F
8. Martín Fierro promete pagar él mismo el rescate si los indios dejan en libertad a la mujer. C F
9. Los indios deciden pactar la paz con los gauchos. C F
10. Martín Fierro encontró a su mujer y a sus hijos durante la guerra de la frontera. C F

Paso 2. Ahora, en una hoja de papel aparte, escribe una oración correcta por cada oración falsa del Paso 1.

ACTIVIDAD 2 ¿Cuál es el carácter del gaucho?

▶ Los gauchos aparecen en muchas obras literarias argentinas y casi siempre se les atribuye las mismas características. Escoge la palabra de la lista que corresponde a la característica sugerida por cada oración.

compasivo	independiente	leal
corajudo	justo	solitario
fatalista		

1. No tengo otra compañía que las estrellas. ____________________

2. No permito que maten a un gaucho valiente. ____________________

3. Enfrenta a la policía con valor. ____________________

4. ¡Qué libertad! No había ley ni batallón. ____________________

5. El indio no comete estas atrocidades. ____________________

6. Nosotros la vamos a ayudar a escapar. ____________________

7. Si salimos de esto con vida será porque la suerte está de nuestro lado.

   ____

ACTIVIDAD 3 La libertad y la autoridad

▶ Gran parte de la literatura gauchesca trata la cuestión de la libertad del individuo. Los gauchos no aceptan fácilmente la autoridad del gobierno cuando no están de acuerdo con su política. Así que el héroe del poema «Martín Fierro» es un desertor, perseguido por la policía. ¿Se ve alguna actitud semejante en los Estados Unidos un siglo después de Martín Fierro? En una hoja de papel aparte, escribe un breve ensayo (de dos o tres párrafos) sobre alguna actitud que has observado en los Estados Unidos que corresponde a la actitud que expresa el autor del poema.

Nombre ______________________ Fecha ______________

HÉROES, HEROÍNAS Y LOS MOMENTOS CLAVE DE LA VIDA

¿QUIÉNES INFLUYEN EN TI?

ESCRÍBELO TÚ

VOCABULARIO

ACTIVIDAD **Otro tipo de modelo**

▶ Luzma y Alma están hablando de las mujeres que les han servido de inspiración. Completa su conversación con las palabras de la lista.

admiración	correr el riesgo	rescatar
animaran	desafío	se sacrificaron
confianza en sí mismas	intrépidas	torneo

LUZMA: ¿Tú crees que Juana de Arco, Isabel de Aragón, Catalina la Grande, Sor Juana y Amelia Earhart tuvieron las mismas razones para desafiar a la idea del papel tradicional de la mujer en la sociedad?

ALMA: No, no creo que a todas las ________________ 1 las mismas razones, pero sí creo que todas tenían

________________________ 2.

LUZMA: En eso estoy de acuerdo. Algunas, como Juana de Arco, ________________[3] por la fe, mientras otras querían ________________[4] a su pueblo de los peligros de sus enemigos.

ALMA: Y a otras también las motivaba el poder o simplemente el hecho de poder participar en el ________________[5] de la vida.

LUZMA: Me imagino que a algunas de ellas no les gustó el papel tradicional de la mujer, y así decidieron ______________________________[6] de no ser aceptadas.

ALMA: Exacto. Me imagino también que algunas aceptaron el ________________[7] sólo por la fama.

LUZMA: Sin duda. Pero el hecho clave es que todas habían nacido en un mundo en que las mujeres no eran muy dignas de ________________[8].

ALMA: Y si todas no hubieran sido ________________[9], nunca habrían llegado a ser tan estimadas.

LUZMA: ¡Así es!

Nombre ______________________ Fecha ______________

¿CUÁNTO SABES YA?

AUTOPRUEBA

ACTIVIDAD **Los héroes populares y propios**

▶ ¿Sigues la vida de los héroes populares? Completa las oraciones a continuación con lo que sabes de estas personas.

MODELO: ¿Ganó George Foreman el campeonato de boxeo a los 45 años? (Parece imposible / Es verdad) →
Parece imposible que George Foreman *haya ganado* el campeonato de boxeo a los 45 años. (*Es verdad* que George Foreman *ha ganado* el campeonato de boxeo a los 45 años.)

1. ¿Volvió Michael Jordan a su deporte original? (Es cierto / Me alegro de)

   ______________________ que Michael Jordan

   ______________________ a su deporte original.

2. ¿Se ha casado Michael Jackson con la hija de Elvis Presley? (Me sorprende / Es obvio)

   ______________________ que Michael Jackson

   ______________________ con la hija de Elvis Presley.

3. ¿Dejó Joe Montana de jugar al fútbol americano? (No puedo creer / Es cierto)

   ______________________ que Joe Montana

   ______________________ de jugar al fútbol americano.

PRACTICA UN POCO

GRAMÁTICA

HABÍAN VIAJADO A COLOMBIA PERO NO HABÍAN VIVIDO ALLÍ
Past Perfect

Conexión gramatical
Estudia la página 357 en **¿Por qué lo decimos así?**

EJERCICIO 1 **Buenas excusas**

▶ Julio no ha hecho ciertas cosas esta semana, pero tiene muy buenas excusas. ¿Cuáles son? Contesta según el modelo.

MODELO: Julio no leyó el periódico anoche porque... (por la mañana) →
...ya lo *había leído* por la mañana.

Julio...

1. no escribió su composición el viernes porque... (el miércoles)

   ____

2. no vio la nueva película contigo porque... (la semana pasada)

   ____

3. no comió pizza hoy porque... (anoche)

   ____

4. no tomó el examen de conducir ayer porque... (el mes pasado)

   ____

5. no aprendió el vocabulario anoche porque... (ayer)

   ____

6. no compró el nuevo disco de Carlos Vives ayer porque... (el sábado)

   ____

7. no llamó a sus amigos después de cenar porque... (antes de comer)

   ____

8. no hizo la tarea por la noche porque... (por la tarde)

   ____

Nombre ______________________ Fecha ______________

DUDO QUE LOS BISABUELOS HUBIERAN APROBADO DE LOS JÓVENES DE HOY
Past Perfect Subjunctive

Conexión gramatical
Estudia la página 359 en
¿Por qué lo decimos así?

EJERCICIO 2 ¡Ojalá!

▶ La semana pasada fue horrible para José. Él desea que varias cosas no hubieran pasado. Completa sus deseos con la forma correcta de **haber** en el imperfecto de subjuntivo y una de las frases a continuación. Sigue el modelo.

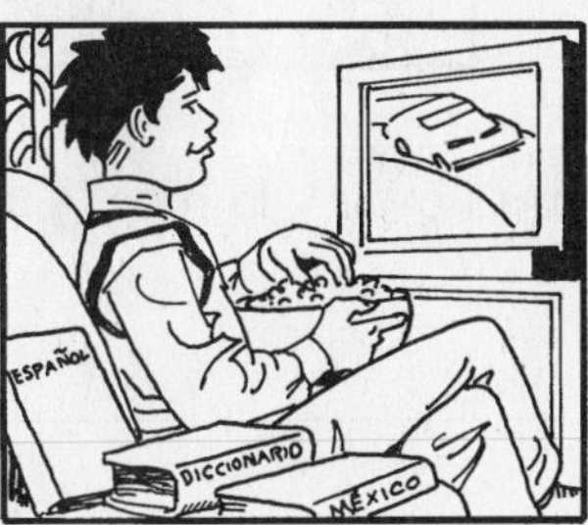

MODELO: El maestro nos dio un examen de español. →
Ojalá que yo *hubiera estudiado más.*

asistir al partido
esperar tanto
estudiar más
llegar más temprano
manejar con más cuidado
olvidarla en la tienda de ropa
tener una buena excusa

1. Llegué tarde a casa y mis padres estaban despiertos todavía.

   Ojalá que yo ______________________________
   ____.

2. Choqué el carro de mi mamá.

   Ojalá que yo ______________________________
   ____.

3. Perdí mi chaqueta en el centro comercial.

   Ojalá que yo no ______________________

   ______________________.

4. El equipo de fútbol ganó el campeonato.

   Ojalá que yo ______________________

   ______________________.

5. Tenía una cita con mi novia y la hice esperar mucho.

   Ojalá que ella no ______________________

   ______________________.

6. Recibí una «F» por faltar mucho a la clase de latín.

   Ojalá que yo ______________________

   ______________________.

Nombre ______________________ Fecha ______________

HABRÍA LLEGADO A TIEMPO SI NO ME HUBIERA PERDIDO
Conditional Perfect

Conexión gramatical
Estudia la página 361 en
¿Por qué lo decimos así?

EJERCICIO 3 Nací demasiado tarde

▶ ¿Qué habrías hecho o visto si hubieras vivido durante otras décadas? Escribe oraciones completas con los datos correctos. Sigue el modelo.

MODELO: Si hubiera nacido antes de 1970 / ser testigo de la renuncia del presidente ____. →
Si hubiera nacido antes de 1970, *habría sido* testigo de la renuncia del presidente *Nixon*.

1. Si hubiera nacido antes de 1900 / oír hablar de los hermanos Wright y su ____.

____

____

2. Si hubiera nacido antes de 1910 / asistir a la escuela durante la ____ Guerra Mundial.

____

____

3. Si hubiera nacido antes de 1920 / aprender a ____ el *Charleston* y el *Jitterbug*.

____

____

4. Si hubiera nacido antes de 1930 / seguir las noticias de los ladrones famosos ____ y Clyde.

____

____

5. Si hubiera nacido antes de 1940 / vivir durante la Segunda ____ Mundial.

____

____

6. Si hubiera nacido antes de 1950 / mirar «Howdy Doody» en la ____ con frecuencia.

____

____

7. Si hubiera nacido antes de 1960 / ver a Neil Armstrong caminar en la ____.

____

____

Nombre ______________________ Fecha ______________________

HABLANDO DEL PASADO

EL PRETÉRITO Y EL IMPERFECTO

▶ Completa las oraciones a continuación con el pretérito o el imperfecto de los verbos entre paréntesis. Luego llena los demás espacios con datos personales según el sentido de la oración.

1. El maestro / La maestra que ________________ (tener) mayor influencia en mí fue mi maestro/a de ________________. En esa época, yo ________________ (tener) ________________ años.
2. La primera figura deportiva que yo ________________ (admirar) fue ________________. En esa época, yo ________________ (estar) en ________________.
3. El primer libro que yo ________________ (leer) se llamaba ________________. En esa época, yo ________________ (ser) un niño / una niña de ________________ años.
4. La primera persona que me ________________ (servir) de modelo fue ________________. Él/Ella ________________ (influir) mucho en mi vida cuando yo tenía ________________ años de edad.
5. El primer conjunto musical que yo ________________ (ver) fue ________________. En esa época, el conjunto ________________ (consistir) en ________________ músicos.

LECTURA: CLAVE AL MUNDO HISPANO

SOBRE LA AUTORA La escritora mexicoamericana Sandra Cisneros escribió el libro *La casa en Mango Street*. Este libro (escrito en inglés y luego traducido al español) nos ofrece la visión de una joven del barrio latino de Chicago donde creció Cisneros. Los temas que se presentan en el libro varían, desde cosas íntimas y sencillas como las que se ven aquí, hasta protestas apasionadas contra los problemas sociales que la joven ve a su alrededor.

A PROPÓSITO Este capítulo del libro revela los pensamientos de la narradora sobre algunos aspectos de su barrio y de su familia. Compara su propia vida con la de otras personas, algunas que tienen más que ella y algunas que tienen menos.

«VAGABUNDOS EN EL ÁTICO»

Quiero una casa en una colina° como aquéllas con los jardines donde trabaja Papá. Los domingos vamos. Es el día libre de Papá. Yo iba antes. Ya no. No te gusta salir con nosotros, dice Papá, ¿te estás haciendo° demasiado vieja? Se está creyendo la divina garza,° dice Nenny. Lo que no les digo es que me da vergüenza —todos nosotros mirando por la ventana como los hambrientos.° Estoy harta° de ver y ver lo que no puedo tener. Cuando ganemos la lotería... empieza a decir Mamá y entonces dejo de escuchar.

La gente que vive en las colinas duerme tan cerca de las estrellas que olvida a los que vivimos demasiado pegados° a la tierra. No miran hacia abajo excepto para sentirse contentos de vivir en las colinas. No se tienen que preocupar por la basura de la semana pasada ni por temor° a las ratas. Llega la noche. Nada los despierta como no sea° el viento.

Un día voy a tener mi casa propia, pero no olvidaré quién soy ni de dónde vengo. Los vagos° que pasen preguntarán, ¿puedo entrar? Yo les ofreceré el ático, les diré que se queden, porque yo sé lo que es no tener casa.

Algunos días, después de la cena, mis huéspedes° y yo nos sentaremos frente a la chimenea. Las duelas del piso más alto rechinarán.° El ático gruñirá.°

¿Ratas? preguntarán mis huéspedes.

Vagos, diré yo, y seré feliz.

hill
¿te... *are you getting*
la... *superior*
personas con hambre / *fed up*
stuck
miedo
como... *other than*
homeless people
guests
Las... *The boards of the top floor will squeak.*
will creak

Nombre ______________________ Fecha ______________

¿QUÉ ENCONTRASTE?

ACTIVIDAD 1 Los hechos

▶ Marca la frase apropiada.

1. ¿De qué trabaja el padre de la narradora?
   a. de jardinero b. de colina c. de hambriento
2. ¿Por qué ya no acompaña la narradora a sus padres los domingos?
   a. Es demasiado vieja. b. Se cree garza divina. c. Le da vergüenza.
3. ¿De qué está harta la narradora?
   a. de los domingos b. de su hermana c. de ver lo que no puede tener
4. ¿Quiénes son los que viven pegados a la tierra?
   a. los pobres b. los ricos c. las ratas
5. ¿A quiénes va a dejar la narradora vivir en el ático?
   a. a sus padres b. a sus huéspedes c. a los que no tienen casa

ACTIVIDAD 2 Las imágenes

▶ Las imágenes que utiliza un autor / una autora a veces tienen como objetivo reforzar ciertas ideas presentadas en la lectura. Explica brevemente las siguientes imágenes.

1. ¿Quiénes son los que viven arriba y los que viven abajo?

   ____

   ____

2. ¿Qué más sugiere la frase «los que vivimos pegados a la tierra»?

   ____

   ____

Nombre ______________________ Fecha ______________

SUCESOS Y CONSECUENCIAS

ESCRÍBELO TÚ

VOCABULARIO

ACTIVIDAD **La huelga y sus consecuencias**

▶ Luis Miguel Patiño, el líder del sindicato de trabajadores, les habla a sus seguidores sobre la huelga que hacen. Completa su narración con las palabras de la lista.

VOCABULARIO ÚTIL	
estamos hartos de	*we're fed up with*
sindicato	*(labor) union*

arriesgar	éxito	profundos
confrontar	hacen trampa	sentido del honor
definirnos	luchar	sucesos
echan la culpa	mentiras	traición

«Estamos haciendo esta huelga para ________________[1] por nuestros derechos. Ya estamos hartos de la ________________[2] y las ________________[3] de los jefes contra los trabajadores. Nuestro ________________________[4] nos obliga a hacer lo debido, es decir, ________________nos[5] a ________________[6] los abusos inhumanos que cometen los jefes.

«Varios ________________[7] nos han pasado para llegar a este fin. Los jefes nos ____________________[8], no pagándonos los sueldos apropiados. También creen que el ________________[9] de

la fábrica se basa en el hecho de que los obreros trabajen 60 horas a la semana. Y por último, a nosotros nos ________________________ [10] si la fábrica no produce la cantidad de productos que quieren.

«Ya es hora de hacer cambios _________________ [11] en cuanto a nuestra situación. También es hora de _________________ [12] para siempre. Les pido que sean fuertes durante esta época difícil. ¡Ganaremos la lucha!»

Nombre ______________________ Fecha ______________

¿CUÁNTO SABES YA?

AUTOPRUEBA

ACTIVIDAD **¿Qué les pasó?**

▶ ¿Recuerdas a Gonzalo, Luzma y Manuel, los amigos dominicanos que «conociste» antes? Aquí vas a leer un poco más sobre los efectos que el incidente en la escuela tuvo en ellos.

Paso 1. Escribe la forma correcta del artículo definido en los espacios. **¡Ojo!** A veces no es necesario usar ningún artículo.

________[1] tres estudiantes descubrieron que a veces es difícil hacer lo correcto porque ________[2] uno/a no siempre sabe ________[3] verdad de ________[4] hechos de ________[5] situación. Supieron que ________[6] tentación puede llevar a una persona a hacer ________[7] cosas inapropiadas.

Paso 2. Ahora escribe la forma correcta del artículo indefinido en los espacios donde sea necesario.

Los amigos llegaron a comprender que el caso es aún más grave cuando la persona implicada es ________[1] amigo. Para ________[2] estudiante, la traición de ________[3] amigo es algo muy serio.

Paso 3. Escribe el adverbio o la forma adverbial del adjetivo apropiado en los espacios.

demasiado	muy
frecuente	objetivo

Es ______________[1] difícil mirar los problemas de los amigos ______________[2] para encontrarles la solución correcta. ______________[3] el problema es ______________[4] serio.

PRACTICA UN POCO

GRAMÁTICA

A LA SEÑORA MOLINO NO LE GUSTAN LOS GATOS
Use of Definite and Indefinite Articles; the Neuter Article *lo*

Conexión gramatical
Estudia las páginas 380–382 en **¿Por qué lo decimos así?**

EJERCICIO 1 — Consejos de los padres

▶ ¡Parece que los padres se pasan la vida dándoles consejos a sus hijos! Completa los consejos que los padres de Jaime le daban cuando tenía 12 años. Escribe en el espacio en blanco una palabra de la lista y el artículo definido apropiado (o la contracción apropiada, si es necesario).

chaqueta	doctor	español
días	escuela	verdad
dientes		

1. Jaime, es importante que siempre digas ______________________.
2. Es obligatorio que asistas a ______________________ secundaria hasta graduarte.
3. No te olvides de cepillarte ______________________ todos ______________________.
4. Recuerda que tienes que ver con frecuencia ______________________ González.
5. Ponte ______________________ antes de salir a jugar.
6. Aprende bien ______________________ en la escuela primaria cuando es más fácil.

EJERCICIO 2 — Más consejos

▶ Ahora que Jaime tiene 18 años, sus padres le dan otros consejos. Escribe en el espacio en blanco una palabra de la lista y el artículo indefinido apropiado si es necesario.

cien	estrella de cine	profesión
decisiones	médico	universidad

Nombre ______________________ Fecha ______________

1. Necesitas escoger ______________________ buena para seguir los estudios.
2. Es importante tener ______________________ que paga mucho para que puedas vivir como ______________________.
3. Por ejemplo, debes hacerte ______________________.
4. Tienes que prepararte para vivir ______________________ años.
5. ¡Qué ______________________ tienes que tomar!

LOS VEO FRECUENTEMENTE
Adverbs

Conexión gramatical
Estudia las páginas 384–385 en **¿Por qué lo decimos así?**

EJERCICIO 3 Así lo hacen

▶ Describe lo que hacen (o lo que no hacen) estas personas usando un verbo en el tiempo verbal apropiado y un adverbio. Forma los adverbios usando los adjetivos de la lista.

Verbos		Adjetivos	
actuar	hablar	artístico	fácil
arriesgarse	jugar	bueno	físico
cantar	pintar	claro	frecuente
correr	tocar	constante	inolvidable
estudiar	triunfar	chistoso	malo
expresarse	volar	extraordinario	rápido
ganar			

1. Dizzy Gillespie ______________________________
2. Michael Jordan ______________________________
3. Frida Kahlo ______________________________
4. David Letterman ______________________________
5. Jack Nicholson ______________________________
6. Luciano Pavarotti ______________________________

7. Los políticos ______________________________

8. Superhombre ______________________________

9. Los *Suns* de Phoenix ______________________________

10. Los conjuntos musicales de Seattle ______________________________

11. Mi profesor(a) ______________________________

12. Yo ______________________________

13. ¿ ? ______________________________

Nombre ______________________ Fecha ______________

HABLANDO DEL PASADO

EL PRETÉRITO Y EL IMPERFECTO

▶ Siempre hay más de una manera de ver las cosas. Completa la versión del profesor Cordero sobre el caso del robo del examen final. Usa los verbos entre paréntesis en el pretérito o el imperfecto, según la oración.

Yo ________________ [1] (preparar) el examen final para mi clase de historia con unos días de anticipación. Lo ________________ [2] (tener: yo) en mi oficina y no había hecho ninguna copia de él. El examen ________________ [3] (estar) sobre mi escritorio pero ________________ [4] (ir) a ponerlo en el archivo porque ________________ [5] (saber: yo) que un estudiante, Gonzalo, ________________ [6] (venir) a mi oficina. Él me ________________ [7] (decir) que ________________ [8] (querer) hacerme algunas preguntas sobre el examen. ¡Pobre Gonzalo! Él ________________ [9] (necesitar) mucha ayuda con esa clase.

Antes de que llegara Gonzalo, yo ________________ [10] (salir) a traer una taza de café. ________________ [11] (Pensar) volver pronto pero un colega me ___________________[12] (detener) para hablarme de una reunión que habíamos tenido esa mañana. Cuando ___________________[13] (volver: yo) a la oficina, no ___________________[14] (haber) nadie y el examen había desaparecido.

Al día siguiente, ___________________[15] (confrontar: yo) a los estudiantes. Les ___________________[16] (contar) lo que había pasado y les ___________________[17] (explicar) que ___________________[18] (ser) necesario devolver el examen porque ésa ___________________[19] (ser) lo correcto y ético.

Un día después, Manuel ___________________[20] (venir) a mi oficina para decirme que había encontrado el examen en su mochila. Creo que ___________________[21] (mentir: él) pero ___________________[22] (admirar: yo) tanto su valor al devolver el examen que ___________________[23] (decidir) no hablar más del asunto.

Nombre ______________________ Fecha ______________

LECTURA: CLAVE AL MUNDO HISPANO

A PROPÓSITO Sor Juana Inés de la Cruz escribió muchos sonetos. El soneto es un tipo de poema que era muy popular en la época en que escribía. Consiste en 14 versos distribuidos así: 4, 4, 3, 3. En este soneto, la poetisa describe sus sentimientos hacia dos hombres: Silvio, que la quiere pero ella no corresponde a su amor, y Fabio, a quien ella ama pero quien no quiere a ella. (Nota que la palabra **mas**, escrita sin acento, significa «pero».)

Que no me quiera Fabio, al verse amado,
es dolor, sin igual, en mi sentido;° — *senses*
mas, que me quiera Silvio aborrecido,° — *detested*
es menor mal, mas no menor enfado.° — *irritation*
¿Qué sufrimiento no estará cansado,
si siempre le resuena° al oído, — *resounds*
tras° la vana arrogancia de un querido, — después de
el cansado gemir° de un desdeñado°? — *whine / scorned one*
Si de Silvio me cansa el rendimiento,° — *submissiveness*
a Fabio canso con estar rendida;° — *submissive*
si de éste° busco el agradecimiento,° — *the latter / grátitude*
a mí me busca el otro agradecida;° — *grateful*
por activa y pasiva es mi tormento,
pues padezco° en querer y en ser querida. — sufro

¿QUÉ ENCONTRASTE?

ACTIVIDAD 1 Juego de palabras

▶ Lo notable de la poesía de la época de Sor Juana era el juego de palabras y conceptos contrastantes. Vamos a ver si puedes aclarar estos juegos. Di si las siguientes oraciones son ciertas o falsas. Luego corrige las oraciones falsas.

1. La poetisa dice que es peor ser amada por Fabio que ser amada por Silvio. C F

   ____

   ____

2. Es igualmente malo querer sin ser querida que ser querida sin querer. C F

   ____

   ____

3. Fabio es un desdeñado que gime. C F

   ____

   ____

4. Silvio siempre se queja. C F

   ____

   ____

5. La poetisa le ofrece agradecimiento a Fabio y quiere que Silvio esté agradecido. C F

   ____

   ____

Nombre ______________________ Fecha ______________

ACTIVIDAD 2 Los contrastes

▶ En esa época había mucha tensión filosófica sobre el valor relativo entre lo objetivo y lo subjetivo. Así que el poema está lleno de imágenes que contrastan una cosa con otra. Escribe la imagen opuesta de cada uno de los siguientes elementos.

1. Silvio aborrecido ______________________
2. el cansado gemir de un desdeñado ______________________
3. me cansa el rendimiento ______________________
4. activa/querer ______________________

ESCRIBE ALGO MÁS

ACTIVIDAD 1 Un robo en el banco

▶ Anoche, en las noticias, un testigo contó lo que le sucedió mientras estaba en el banco. Completa su historia con las palabras de la lista.

VOCABULARIO ÚTIL
en pleno día *in broad daylight*

acontecimiento	correr el riesgo	impidieron
arriesgado	delito	luchó
ataque de nervios	devolver	llevarse
confrontar	ejército	rescatar

«Esta mañana, mientras yo estaba en el banco, un hombre armado intentó cometer un ______________[1]: robar el banco. ¡Qué ______________[2], robar un banco en pleno día! El

__________________[3] ocurrió a eso de las 11:00. El ladrón tenía pistola e iba a __________________[4] todo el dinero del banco. Pero cuando estaba a punto de escapar, ¡llegó el __________________[5]! Entonces él tuvo que __________________[6] a otros hombres armados que le __________________[7] salir. Era obvio que no quería __________________[8] el dinero, pero tampoco quería __________________[9] de salir corriendo. Cuando se enteró de que estaba perdido, ni siquiera __________________[10] contra los soldados. Simplemente devolvió el dinero y dejó que lo llevaran a la cárcel. Mientras tanto, la cajera tenía tanto miedo que a la pobrecita le dio un __________________[11]. Menos mal que los soldados llegaron tan rápido y que pudieron __________________nos[12] a todos. ¡Qué día!»

ACTIVIDAD 2 El juego de las asociaciones

▶ Todo lo que existe puede asociarse con otra cosa. Trata de asociar las palabras del Grupo A con las del Grupo B y escribe una oración lógica para cada asociación. **¡Ojo!** Hay más de una asociación posible.

MODELO: apoyar / los profesores y los padres →
Los profesores y los padres *nos apoyan en todo lo que hacemos*.

Grupo A	**Grupo B**
apoyar	las estrellas del cine
campeón/campeona	los niños
imitar	los policías y los bomberos
influir	el presidente
poder	los profesores y los padres
rescatar	la televisión
tener fama	Wimbledon y el Campeonato de los Estados Unidos
torneo	¿ ?

Nombre Fecha

CON TUS PROPIAS PALABRAS

UNIDAD 6

▶ **¿Si fueras de otro país... ?** Imagínate que tu país de origen fuera diferente. ¿Cómo habría sido tu vida? ¿Qué cosas no habrían cambiado y qué cosas habrían sido diferentes? ¿Qué habrías hecho diferente de lo que has hecho hasta ahora?

Paso 1. Primero, piensa en un nuevo «país de origen». Después, contesta las preguntas a continuación con oraciones completas. Escribe más de una idea si es necesario.

Si fueras de [país],

1. ¿cómo te habrías llamado?

2. ¿qué idioma habrías hablado?

3. ¿cómo habrían sido tus padres, hermanos y los demás miembros de tu familia?

____

____

4. ¿dónde habrías vivido y por qué?

____

____

5. ¿cómo habría sido el pueblo / la ciudad en que vivías?

____

____

6. ¿cómo habría sido tu casa y por qué?

____

____

7. ¿cuál habría sido tu rutina diaria?

____

____

8. ¿qué deportes habrías practicado y por qué?

____

____

9. ¿qué tipo de ropa habrías llevado y por qué?

____

____

10. ¿en qué habría sido parecida o habría sido diferente tu vida a la que llevas ahora?

____

____

Nombre ______ Fecha ______

Paso 2. Ahora, escribe tus respuestas en el orden en que las escribiste en el Paso 1. Haz cualquier cambio necesario para producir un buen borrador de tu composición.

MODELO: Si yo fuera de Alemania, probablemente me habría llamado... porque es un nombre alemán típico. Habría hablado alemán y mis padres habrían sido rubios...

Nombre ____________________ Fecha ____________

PASAPORTE CULTURAL 7

Los hispanos en los Estados Unidos

▶ Para hacer estas actividades, consulta el Pasaporte cultural 7 en las páginas 389–392 de tu libro.

ACTIVIDAD 1 ¿Cuánto sabes de los hispanos en los Estados Unidos?

▶ Escribe la opción correcta en el espacio.

1. Entre los grupos hispanos en los Estados Unidos, el que ha vivido por más de cien años en Colorado, Nevada y Wyoming es el de los ____.
   a. andaluces b. mexicanos c. vascos d. españoles

2. Entre los grupos hispanos que hay en los Estados Unidos, el más antiguo y numeroso es el de los ____.
   a. porteños b. cubanos c. boricuas d. mexicanos

3. Los puertorriqueños suelen establecerse en el ____ de los Estados Unidos.
   a. nordeste b. sudeste c. noroeste d. suroeste

4. El grupo de inmigrantes hispanos que ha llegado más receintemente a los Estados Unidos es el de los ____.
   a. cubanos
   b. mexicanos
   c. centroamericanos
   d. sudamericanos

5. Muchos cubanos emigraron de su país para establecerse en los Estados Unidos después de ____.
   a. 1898 b. 1903 c. 1945 d. 1959

6. Entre los grupos hispanos en los Estados Unidos, los que más tienden a vivir en las grandes ciudades son los de los ____.
   a. mexicanos y sudamericanos
   b. centroamericanos y mexicanos
   c. sudamericanos y centroamericanos
   d. vascos y puertorriqueños

ACTIVIDAD 2 La cultura y la historia

▶ Indica si las siguientes oraciones son ciertas (C) o falsas (F).

1. ____ El estado de Florida fue nombrado así en honor de una fiesta religiosa cristiana.
2. ____ Viven más mexicanos en los Estados Unidos que en México.
3. ____ No se come la comida mexicana en las ciudades estadounidenses en que no hay una fuerte población mexicana.
4. ____ Habitantes de la Península Ibérica nunca han emigrado a los Estados Unidos.
5. ____ La Ciudad de México tiene más habitantes de origen mexicano que Los Ángeles, California.
6. ____ Los mexicoamericanos se niegan a vivir muy lejos de la frontera con México.
7. ____ En México hay veinticinco ciudades que tienen una ciudad hermana en los Estados Unidos.
8. ____ A los estadounidenses, por lo general, les gusta la música latina.

ACTIVIDAD 3 La tradición, pasada y presente

▶ Escribe oraciones completas para contestar las siguientes preguntas.

1. Si alguien te dice que este año va a ir de compras al Mercado Español Tradicional de Santa Fe, Nuevo México, ¿cuándo crees que irá y qué comprará, probablemente?

____

____

2. ¿Qué hacen los hispanos en los Estados Unidos para promover su cultura? ¿Dónde quedan los lugares más importantes para estas actividades culturales?

____

____

Nombre ______________________ Fecha ______________________

EL MUNDO DE LAS IDEAS

LA IMAGINACIÓN CREADORA

ESCRÍBELO TÚ

VOCABULARIO

ACTIVIDAD **Entrevista con un pintor**

▶ Marisa asiste a la escuela secundaria y entrevista a otro estudiante, Javier, que es pintor también. Completa su conversación con las palabras y expresiones de la lista.

VOCABULARIO ÚTIL	
hacer mucho esfuerzo	*to make a big effort*

alma	imagen	sabor
entristecer	olor	soñar despierto
expresarme	recordar	sueño
hacen pensar		

MARISA: Dime, Javier, cuando vas a pintar algo, ¿qué es lo que te inspira?

JAVIER: No tengo que hacer mucho esfuerzo. A veces mis obras nacen de un ____________________[1] que tuve la noche anterior.

MARISA: ¿Sabes que tus obras me ________________________[2] en un mundo que no existe, que parece irreal?

JAVIER: Gracias. Por cierto, para mí pintar es algo como ________________________[3]. A veces, de repente me doy cuenta de que he creado algo realmente único.

MARISA: Entonces, ¿no siempre planeas lo que pintas?

JAVIER: No es siempre así, pero tampoco me digo que voy a pintar algo sólo para alegrar o __________________[4] a la gente. Yo pinto solamente para __________________[5] y darles vida y forma a los sentimientos que llevo en mi __________________[6].

MARISA: Pero, ¿no te afecta el ambiente?

JAVIER: ¡Claro que sí! A veces hasta un __________________[7] penetrante que sale de la cocina o el __________________[8] de una fruta deliciosa me afectan.

MARISA: Y, cuando hay algún cambio de tus sentidos, ¿cambia también la __________________[9] que estás pintando?

JAVIER: Casi siempre. A veces la cosa más sencilla me hace __________________[10] un acontecimiento de mi pasado, y lo tengo que representar en un cuadro.

MARISA: Bueno, gracias por la entrevista, Javier.

JAVIER: De nada, Marisa. Ha sido un placer.

Nombre ______________________ Fecha ______________________

¿CUÁNTO SABES YA?

AUTOPRUEBA

ACTIVIDAD 1 **¡Tantos mensajes!**

▶ Imagínate que es domingo por la tarde y que te gustaría ir al cine con un amigo / una amiga. Pero cuando llegas a casa, encuentras varios mensajes telefónicos. Usa una forma del presente progresivo para explicar tus conclusiones sobre lo que están haciendo tus amigos. Sigue el modelo.

MODELO: MENSAJE: Hola. Habla Estela. Voy a jugar al tenis con Benito. →
TÚ: Ah, Estela *está jugando* al tenis a estas horas.

1. MENSAJE: Soy Juan. Necesito buscar un libro sobre Venezuela. Voy a la biblioteca.

   TÚ: Ah, Juan ____________ ____________________ un libro en la biblioteca.

2. MENSAJE: Soy Carlos. Esta tarde tengo que lavar el carro. Voy al taller.

   TÚ: Ahora Carlos ____________ ____________________ el carro.

3. MENSAJE: Habla Gabriel. Tengo que escribir una composición. Voy al laboratorio de computadoras.

   TÚ: En este momento Gabriel ____________ ____________________ su composición en la computadora.

4. MENSAJE: Hola. Soy Elena. He decidido pintar un retrato de mi perro Bob. Voy al estudio.

   TÚ: Elena ____________ ____________________ un retrato de Bob.

5. MENSAJE: Hola, habla Maricarmen. Tengo un examen de antropología mañana. Voy a quedarme en casa.

   TÚ: Ah, Maricarmen ____________ ____________________ para un examen.

6. MENSAJE: Habla Alejandro. Tengo que preparar la cena para mis abuelos. Voy a su casa.

TÚ: Ah, Alejandro ______________ ______________________ la cena ahora.

7. MENSAJE: Soy Mario. No dormí nada anoche. Voy a dormir esta tarde.

TÚ: Ah, Mario ______________ ______________________ ahora mismo.

ACTIVIDAD 2 Excusas

▶ Tu amigo/a quiere darte muchos consejos sobre tu clase de composición. Reacciona a sus consejos, explicándole por qué no vas a hacer lo que te aconseja.

MODELO: AMIGO/A: Es importante estudiar el texto. →
TÚ: No *quiero estudiarlo*. (No *lo quiero estudiar*.) La mayoría *no va a salir en el examen*.

1. AMIGO/A: Es necesario leer la poesía para mañana.

TÚ: No (pensar) ____.

____

2. AMIGO/A: Es mejor hacer los ejercicios ahora.

TÚ: No (poder) ____.

____

3. AMIGO/A: Es bueno repasar las notas frecuentemente.

TÚ: No (gustarme) ____________________________________.

____

4. AMIGO/A: Es importante usar la computadora para practicar.

TÚ: No (saber) ____.

____

Nombre _______________ Fecha _______________

PRACTICA UN POCO

GRAMÁTICA

SEGUIMOS APRENDIENDO
The *-ndo* form

Conexión gramatical
Estudia las páginas 410–411 en **¿Por qué lo decimos así?**

EJERCICIO 1 **¿Qué haces?**

▶ Tus acciones revelan quién eres. Descríbete, completando las siguientes oraciones con el gerundio de un verbo apropiado.

MODELO: Los fines de semana paso mucho tiempo... →
Los fines de semana paso mucho tiempo *creando obras de arte.*

1. Los fines de semana paso mucho tiempo...

____

2. Los sábados, a veces me quedo en casa...

____

3. Durante el verano, me divierto mucho...

____

4. Cuando estoy tenso/a, me relajo mucho...

____

5. Me gusta expresarme...

____

6. Cuando saco una «A» en un examen, salgo de la clase...

____

7. Aunque es malo para la salud, sigo...

____

8. De niño/a, siempre me decían: «¡No vayas... !»

____

NO ME GUSTA CORRER DESPUÉS DE COMER
Uses of the Infinitive

Conexión gramatical
Estudia las páginas 412–414 en **¿Por qué lo decimos así?**

EJERCICIO 2 Este año escolar

▶ Contesta las siguientes preguntas sobre este año escolar. Usa un infinitivo en tus respuestas.

MODELO: ¿Qué dejaste de hacer este año escolar? →
Dejé de *tomar* el autobús a la escuela este año.

1. Al empezar este año, ¿a qué te acostumbraste hacer por primera vez?

   ____

2. ¿Qué cosa nueva te decidiste a hacer al empezar este año?

   ____

3. ¿Qué cosa te negaste a hacer este año?

   ____

4. ¿Qué cosa volviste a hacer igual que el año pasado?

   ____

5. ¿Qué empezaste a hacer seriamente?

   ____

EJERCICIO 3 En tu opinión

▶ Completa las siguientes oraciones según tu propia opinión. Usa verbos en el infinitivo y otras palabras, si son necesarias.

1. Para mí, ______________________ es la más difícil de las actividades que tengo que hacer.

Nombre ______________________ Fecha ______________

2. La actividad que encuentro más divertida en la escuela es

   ______________________.

3. En mi opinión, la actividad más útil que hacemos en la clase de

   español es ______________________.

4. Creo que la actividad menos útil que hago en la escuela es

   ______________________.

5. Para mí, ______________________ es la más fácil de todas las actividades que tengo que hacer en mi vida.

6. Estoy seguro/a de que la actividad más importante que uno/a puede

   aprender a hacer en la escuela secundaria es ______________________.

HABLANDO DEL PASADO

EL PRETÉRITO Y EL IMPERFECTO

▶ Estamos en el año 2040. Paloma, Alfonso y Magdalena siguen reuniéndose cada semana, pero ahora pasan el tiempo hablando del pasado. Completa su conversación con las frases de la lista.

> **VOCABULARIO ÚTIL**
> agencia de publicidad — *advertising agency*

abandonamos
cocinabas un plato diferente
dejaste de pintar seriamente
pasabas el tiempo
siguió escribiendo
te hicieron gerente
te ofrecieron un trabajo
te parecía aburrido
tenía en esa época
tenías mucho confianza
trabajabas

PALOMA: ¿Te acuerdas de esos años, Alfonso? Tú ______________________[1] leyendo y escribiendo poesías mientras ______________________[2] en la ferretería.

ALFONSO: Sí. ¡Qué trabajo más aburrido ______________________[3]!

MAGDALENA: Y tú, Paloma, ______________________[4] cada noche. ¿No ______________________[5] eso también?

PALOMA: Y tú, ¡la gran pintora! Obviamente no ______________________[6] en tu propio talento, pues ______________________[7] en cuanto ______________________[8] en la agencia de publicidad.

MAGDALENA: ¿Y qué? Cuando a ti ______________________[9] del restaurante no volviste a cocinar nunca. Y Alfonso ______________________[10] poesía pero sólo en las tarjetas de cumpleaños y de Navidad.

ALFONSO: Pero, hermanas, ¡no estamos tan mal! Ahora, yo soy dueño de la compañía de tarjetas, tú eres la gerente de «Publicidad Magda» y Paloma es dueña de una cadena de restaurantes. No ______________________[11] nuestros sueños del todo.

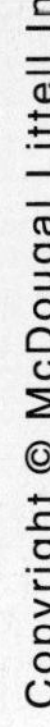

LECTURA: CLAVE AL MUNDO HISPANO

SOBRE EL AUTOR Gustavo Adolfo Bécquer (1836–1870) nació en Sevilla, España. Es considerado como el mayor poeta español del siglo XIX, a pesar de que solamente escribió unos 79 poemas y algunos pocos cuentos. Bécquer murió a los 34 años de una enfermedad misteriosa, y sólo después de su muerte alcanzó la fama que su obra merecía.° Sus poemas fueron publicados por sus amigos, un año después de su muerte, en un libro que lleva el título de *Rimas*.

merecía: *deserved*

A PROPÓSITO Casi toda la obra poética de Bécquer trata el tema único del amor, del que el poeta hablaba con un lenguaje sencillo y mucho sentimiento y melancolía. Su propia vida estaba llena de amores frustrados, pero él siempre seguía buscando el amor en su imaginación y a través de su poesía, como se ve en las selecciones a continuación.

XXIII

Por una mirada,° un mundo,
por una sonrisa, un cielo,
por un beso... yo no sé
qué te diera° por un beso.

mirada: *look, glance*
diera: daría

X

Los invisibles átomos del aire
en derredor palpitan y se inflaman,°
el cielo se deshace° en rayos de oro,
la tierra se estremece alborozada.°
Oigo flotando en olas de armonías
rumor° de besos y batir de alas;°
mis párpados° se cierran... ¿Qué sucede?
¿Dime?... ¡Silencio! ¡Es el amor que pasa!

en... *throb and become inflamed all around*
el... *the heavens dissolve*
se... *trembles joyfully*
rumor: sonido / batir... *beating of wings*
párpados: *eyelids*

XXXVIII

¡Los suspiros° son aire y van al aire!
¡Las lágrimas° son agua y van al mar!
Dime, mujer: cuando el amor se olvida,
¿sabes tú adónde va?

suspiros: *sighs*
lágrimas: *tears*

XXI

¿Qué es poesía?, dices mientras clavas°
en mi pupila tu pupila azul;
¡Qué es poesía! ¿Y tú me lo preguntas?
Poesía... eres tú.

clavas: *you rivet*

Nombre ______________________ Fecha ______________

¿QUÉ ENCONTRASTE?

ACTIVIDAD 1 El amor y el sentimiento

▶ Marca la respuesta correcta según la lectura.

1. ¿A quién se dirige el poeta en el poema XXIII?
   a. a una mujer querida
   b. a su amigo
   c. a la tierra
2. En el poema X, ¿qué hace que la tierra se estremezca?
   a. las nubes
   b. una tormenta
   c. el amor
3. ¿Sobre qué reflexiona el poeta en el poema XXXVIII?
   a. un amor que se ha ido
   b. una cita olvidada
   c. una mujer que no sabe nada
4. ¿Qué significa el último verso del poema XXI?
   a. que el poeta habla con la poesía
   b. que la mujer es la inspiración de su poesía
   c. que su esposa se llama Poesía

ACTIVIDAD 2 **Las imágenes poéticas**

▶ Las imágenes que Bécquer usa tienden a poner énfasis en lo espiritual, en la fantasía y en los sentimientos.

Paso 1. A continuación hay algunas otras selecciones de poemas. Dos son de Bécquer. Si analizas las imágenes, ¿puedes decir cuáles son?

1. Tiene ojos azules, es maligna y bella;
   cuando mira, vierte viva luz extraña:
   se asoma a sus húmedas pupilas de estrella
   el alma del rubio cristal de Champaña.

2. Tú, sombra aérea, que cuantas veces
   Voy a tocarte, te desvaneces
   Como la llama, como el sonido,
   Como la niebla, como el gemido
   del lago azul.

3. ¡Yo, que a tus ojos en mi agonía
   Los ojos vuelvo de noche y día;
   Yo, que incansable corro y demente
   Tras una sombra, tras la hija ardiente
   De una visión!

a. 1 y 2

b. 1 y 3

c. 2 y 3

Paso 2. Tu profesor(a) te dará la respuesta correcta. Ahora, ten eso en cuenta para hacer una lista de las imágenes típicas de Bécquer que encontraste en estas selecciones.

______________________ ______________________

______________________ ______________________

______________________ ______________________

Nombre ______________________ Fecha ______________________

EL MUNDO DE LA FANTASÍA

ESCRÍBELO TÚ

VOCABULARIO

ACTIVIDAD **Entrevista con el Coco**

▶ Un reportero de una revista para niños entrevista al Coco. Completa la entrevista con las palabras de la lista.

VOCABULARIO ÚTIL
se portan mal *misbehave*

enanitos	mal	obedecen
envenenado	me pongo	se deprime
envidia	merecen	transformado
hadas	míticos	

REPORTERO: Pues ya veo que usted tiene una casita muy bonita, Sr. Coco.

EL COCO: Gracias. Esta casa me la regaló uno de los ________________[1] que vivían con Blancanieves.

REPORTERO: (*Sorprendido*) Yo no sabía que ustedes se conocían.

EL COCO: Claro que sí. Todos los seres ________________[2] que se encuentran en los cuentos de ________________[3] nos conocemos.

REPORTERO: ¿Pero no son algunos de ustedes compañeros del «________________»[4] y otros compañeros del «bien»?

EL COCO: Sí, igual que ustedes los seres humanos.

REPORTERO: ¿Y usted no ________________[5] porque los niños le tienen miedo?

EL COCO: Bueno, ________________[6] molesto de vez en cuando. Pero alguien tiene que ocuparse de los niños que no ________________[7] a sus padres y que se portan mal. ¡Si usted supiera cuántas llamadas recibo cada día de padres frustrados!

REPORTERO: Pero, ¿usted tiene teléfono?

EL COCO: ¡Cómo no! ¡Hasta tengo *fax*! La vida moderna nos ha ________________[8] a todos. También nos han puesto muchas reglas nuevas...

REPORTERO: ¿Reglas? ¿Qué reglas?

EL COCO: Bueno, ahora no se puede usar exceso de fuerza, no se puede dejar a nadie ________________[9] porque es peligroso para su salud y tengo que tomar un examen cada dos años.

REPORTERO: ¿Qué tipo de examen es?

EL COCO: Es un examen sobre las emociones humanas como, por ejemplo, el orgullo, la ________________[10], la avaricia...

REPORTERO: ¿Y cree usted que los niños ________________[11] tantos trucos y tanto miedo?

EL COCO: Oiga usted, señor. Yo sólo hago lo que me piden los padres frustrados. Los monstruos no nacen, se hacen.

Nombre ______________________ Fecha ______________

¿CUÁNTO SABES YA?

AUTOPRUEBA

ACTIVIDAD 1 Más aventuras de Blancanieves

▶ Escribe en los espacios la forma correcta del verbo apropiado para completar esta anécdota sobre Blancanieves.

aburrirse	haberse enfermado
despertarse	levantarse
dormirse	sentarse

Un día, después de un año de casada con el príncipe, Blancanieves ______________________[1] por la mañana y proclamó: «Ya ______________________[2] de esta vida; ¡necesito buscar aventuras!». Decidió asistir a la universidad con uno de los enanitos. Llegaron a su clase de psicología y ______________________[3] en el salón para oír la conferencia. Después de unos minutos Blancanieves, que estaba muy cansada, ______________________[4]. Todos pensaban que ______________________[5], y el enanito les dijo que lo mejor era llamar al príncipe. Él vino, la besó y ella ______________________[6] en seguida. Entonces comprendió que lo que menos quería hacer era ir a la universidad.

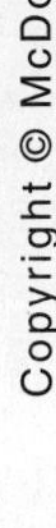

ACTIVIDAD 2 Enanitos descontentos

▶ Los enanitos se quejan mucho ahora porque su vida ha cambiado. Escribe la forma correcta del verbo indicado para expresar algunas de sus quejas. Sigue el modelo.

MODELO: Nos gusta trabajar por la mañana, pero Blancanieves no quiere que *trabajemos*.

1. Nos gusta *vivir* en nuestra casita, pero Blancanieves quiere que ___________________ en el castillo del príncipe.
2. Preferimos *comer* en nuestra mesita, pero Blancanieves insiste en que ___________________ en el gran comedor del castillo.
3. Nos gusta mucho *ponernos* el traje rojo todos los días, pero Blancanieves no permite que ___________________ ese traje.
4. Queremos *jugar* con la ardilla, pero Blancanieves no quiere que ___________________ con los animales.
5. Nos encanta *tener* fiestas en nuestra casita, pero Blancanieves no permite que ___________________ fiestas.

Nombre ______________________ Fecha ______________

PRACTICA UN POCO

GRAMÁTICA

SE PUSO MUY CONTENTO
Reflexives to Express Changes of State

Conexión gramatical
Estudia la página 433 en **¿Por qué lo decimos así?**

EJERCICIO 1 **Las cosas que nos afectan**

Vivimos rodeados de cosas que nos afectan. Contesta las siguientes preguntas según el modelo.

MODELO: ¿Cuándo te pusiste enojado/a últimamente? →
Me puse enojado/a cuando recibí una mala nota en la clase de física el otro día.

1. ¿Cuándo te entusiasmaste este año?

____

2. ¿Cuándo te pusiste cansado/a recientemente?

____

3. ¿Cuándo te deprimiste este año?

____

4. ¿Cuándo fue la última vez que te enfadaste?

____

5. ¿Cuándo te entristeciste últimamente?

____

6. ¿Cuándo te alegraste esta semana?

____

7. ¿Cuándo te preocupaste mucho este año?

____

¡BAILEMOS! Y QUE SE SIENTEN Y HABLEN ELLOS
Present Subjunctive for *Let's . . .* ; Indirect Commands

Conexión gramatical
Estudia las páginas 435–436 en **¿Por qué lo decimos así?**

EJERCICIO 2 **Gabriel y sus invitaciones**

▶ Tu amigo Gabriel se pasa el día comprando cosas nuevas y quiere compartir sus nuevas adquisiciones con todos sus amigos. Tú quieres aceptar las invitaciones, pero los demás no quieren. Escribe tus propias respuestas y las de tus amigos a las invitaciones de Gabriel.

MODELO: Tengo el nuevo video de Arnold Schwarzenegger. ¿Quieren verlo? →
TÚ: Sí. ¡*Veámoslo*!
AMIGOS: No, *no lo veamos. Que lo vean tus hermanos.*

1. Compré un disco compacto de los Beatles. ¿Quieren escucharlo?

TÚ: ______________________________

AMIGOS: ______________________________

2. Acabo de comprarme un nuevo videojuego. ¿Quieren jugar?

TÚ: ______________________________

AMIGOS: ______________________________

3. Recibí el último cassette de Boyz II Men. ¿Quieren ponerlo?

TÚ: ______________________________

AMIGOS: ______________________________

4. Tengo aquí un video de Brad Pitt. ¿Quieren verlo?

TÚ: ______________________________

AMIGOS: ______________________________

5. Acabo de recibir el último *Spiderman*. ¿Lo leemos ahora?

TÚ: ______________________________

AMIGOS: ______________________________

Nombre ______________________ Fecha ______________

6. Miren, chicos. Tengo la nueva canción de Garth Brooks. ¿Quieren oírla ahora?

   TÚ: ______________________

   AMIGOS: ______________________

EJERCICIO 3 **El fin del año**

▶ Es el fin del año escolar. ¿Qué sugieren ustedes hacer al terminar el curso? Sigue el modelo.

MODELO: celebrarlo con una fiesta →
¡*Celebrémoslo* con una fiesta!

1. tomar el examen final

   ____

2. escribir la última composición

   ____

3. cerrar los libros por última vez

   ____

4. celebrarlo con un baile

   ____

5. darle las gracias al profesor / a la profesora

   ____

6. despedirse de los amigos

   ____

7. sacar todas las cosas del lóquer

   ____

8. prometer llamarse durante las vacaciones

   ____

HABLANDO DEL PASADO

EL PRETÉRITO Y EL IMPERFECTO

▶ Completa estas oraciones sobre Blancanieves con la forma correcta del pretérito o del imperfecto de los verbos entre paréntesis. Después, indica si las oraciones son ciertas (C) o falsas (F) en tu opinión.

1. Los enanitos siempre __________________ (cantar) cuando __________________ (salir) para el trabajo. C F
2. Blancanieves siempre __________________ (quedarse) en casa porque __________________ (tener) que limpiar la casa y cocinar. C F
3. Un lobo malo __________________ (tratar) de destruir la casita de los enanitos. C F
4. La reina __________________ (seguir) su campaña contra Blancanieves después de la boda. C F
5. El príncipe __________________ (contratar) a los enanitos y todos __________________ (venir) a trabajar en el castillo. C F
6. La reina __________________ (romper) el espejo mágico porque no __________________ (contestar) como ella quería. C F
7. Blancanieves siempre __________________ (llevar) comida a su abuelita, que __________________ (vivir) en el bosque cerca de los enanitos. C F
8. Después de unos años Blancanieves y su esposo __________________ (decidir) irse a vivir a Beverly Hills, donde __________________ (haber) más formas de divertirse. C F

Nombre ______________________ Fecha ______________________

LECTURA: CLAVE AL MUNDO HISPANO

A PROPÓSITO Aquí Julio Cortázar presenta otro cuento en el cual es muy difícil separar la realidad de la ficción. También plantea una pregunta interesante: ¿Es peligroso leer? ¡Pregúntaselo a Alonso Quijano!

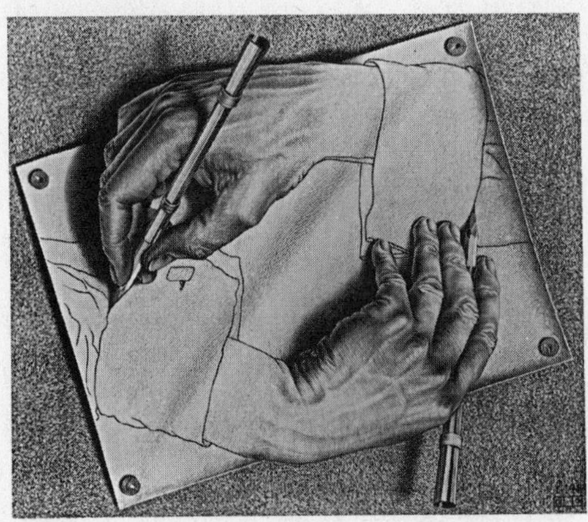

«CONTINUIDAD DE LOS PARQUES», POR JULIO CORTÁZAR

Había empezado a leer la novela unos días antes. La abandonó por negocios urgentes, volvió a abrirla cuando regresaba en tren a la finca; se dejaba interesar lentamente por la trama,° por el dibujo de los personajes. Esa tarde, después de escribir una carta a su apoderado° y discutir con su mayordomo una cuestión de aparcerías,° volvió al libro en la tranquilidad del estudio que miraba hacia el parque de los robles.° Arrellanado° en su sillón favorito, de espaldas a la puerta que lo hubiera molestado como una irritante posibilidad de intrusiones, dejó que su mano izquierda acariciara° una y otra vez el terciopelo° verde y se puso a leer los últimos capítulos. Su memoria retenía sin esfuerzo los nombres y las imágenes de los protagonistas; la ilusión novelesca lo ganó casi en seguida. Gozaba del° placer casi perverso de irse desgajando° línea a línea de lo que lo rodeaba,° y sentir a la vez que su cabeza descansaba cómodamente en el terciopelo del alto respaldo,° que los cigarrillos seguían al alcance de la mano, que más allá de los ventanales° danzaba el aire del atardecer° bajo los robles. Palabra a palabra, absorbido por la sórdida disyuntiva° de los héroes, dejándose ir hacia las imágenes que se concertaban° y adquirían color y movimiento, fue testigo del último encuentro en la cabaña del monte.° Primero entraba la mujer, recelosa;° ahora llegaba el amante, lastimada la

plot
attorney
partnerships
oak trees / Cómodo
caress
velvet
Gozaba... *He enjoyed the*
irse... *going along separating himself* / *surrounded*
back (*of the chair*)
picture windows / *late afternoon, evening*
dilemma
se... *joined together*
cabaña... *mountain cabin*
wary

cara por el chicotazo de la rama.° Admirablemente restañaba° ella la sangre con sus besos, pero él rechazaba sus caricias, no había venido para repetir la ceremonia de una pasión secreta protegida por un mundo de hojas secas y senderos furtivos.° El puñal se entibiaba° contra su pecho y debajo latía la libertad agazapada.° Un diálogo anhelante° corría por las páginas como un arroyo de serpientes, y se sentía que todo estaba decidido desde siempre. Hasta esas caricias que enredaban° el cuerpo del amante como queriendo retenerlo y disuadirlo, dibujaban abominablemente la figura de otro cuerpo que era necesario destruir. Nada había sido olvidado: coartadas,° azares,° posibles errores. A partir de esa hora cada instante tenía su empleo minuciosamente atribuido.° El doble repaso despiadado° se interrumpía apenas para que una mano acariciara una mejilla.° Empezaba a anochecer.

Sin mirarse ya, atados rígidamente° a la tarea que los esperaba, se separaron en la puerta de la cabaña. Ella debía seguir por la senda° que iba al norte. Desde la senda opuesta él se volvió un instante para verla correr con el pelo suelto. Corrió a su vez, parapetándose en los árboles y los setos,° hasta distinguir en la bruma malva del crepúsculo° la alameda° que llevaba a la casa. Los perros no debían ladrar, y no ladraron. El mayordomo no estaría a esa hora, y no estaba. Subió los tres peldaños° del porche y entró. Desde la sangre galopando en sus oídos le llegaban las palabras de la mujer: primero una sala azul, después una galería, una escalera alfombrada.° En lo alto,° dos puertas. Nadie en la primera habitación, nadie en la segunda. La puerta del salón, y entonces el puñal en la mano, la luz de los ventanales, el alto respaldo de un sillón de terciopelo verde, la cabeza del hombre en el sillón leyendo una novela.

lastimada... *his face scratched by the whip of a tree branch* / *stopped*

senderos... *hidden paths* / El... *The dagger became warm*

latía... *beat the waiting freedom* / *breathless*

entwined

alibis / accidentes

minuciosamente... *precisely accounted for*

merciless

cheek

atados... *tightly tied*

path

Corrió... *He also ran, hiding behind trees and shrubs* / bruma... *mauve mist of twilight* / *tree-lined walk*

steps

escalera... *carpeted stairway* / En... *At the top*

¿QUÉ ENCONTRASTE?

ACTIVIDAD 1 El argumento

▶ Contesta las siguientes preguntas según la lectura. **¡Ojo!** Hay más de una respuesta posible; marca todas las que te parecen correctas.

1. ¿Qué aspectos de la novela atrajeron al hombre cuando la leía en el tren?
   a. el número de páginas
   b. lo interesante de la trama
   c. los muchos dibujos y lo fácil de leer
   d. las buenas descripciones de los personajes
   e. lo que su mayordomo le había dicho sobre ella

Nombre ______________________ Fecha ______________________

2. ¿De qué gozaba cuando se puso a leer en casa?
   a. Se había sentado mirando la puerta.
   b. Se había sentado en su sillón favorito.
   c. Se separaba de la vida real al leer la novela.
   d. Su perro se sentaba junto a él.
   e. Tuvo que volver a aprender los nombres de los personajes.

3. ¿Cuáles son algunas de las características de la escena novelesca?
   a. Los personajes vivían juntos, en las montañas.
   b. El hombre gritó a la mujer.
   c. Los amantes se encontraron en una cabaña.
   d. Su diálogo era rápido y sin pausas.
   e. Los personajes salieron de la cabaña en direcciones opuestas.
   f. El hombre le clavó un puñal en el pecho a la mujer.
   g. El empleo del tiempo estaba bien planeado.

ACTIVIDAD 2 Análisis estructural

1. Uno de los aspectos interesantes del cuento, desde el punto de vista estructural, es ver cómo el autor nos lleva de un mundo a otro. Aquí está el párrafo en que lo hace la primera vez. Escribe un número sobre las palabras que llevan al lector de una realidad a otra.

   «Palabra a palabra, absorbido por la sórdida disyuntiva de los héroes, dejándose ir hacia las imágenes que se concertaban y adquirían color y movimiento, fue testigo del último encuentro en la cabaña del monte.»

2. ¿Qué efecto tienen estas frases: «se dejaba interesar por la trama», «la ilusión novelesca lo ganó», «irse desgajando de los que lo rodeaba»?

   ____

   ____

3. Al final del cuento (cuando volvemos del mundo de la novela al mundo del lector), el método que el autor usa es distinto. Ya no cambia de un mundo a otro, sino que cambia nuestra conciencia del lugar donde estamos al revelarnos que los dos «mundos» son uno solo. ¿Cuándo adivinaste lo que pasaba al final? ¿Qué palabras del último párrafo te hicieron pensar en el principio del cuento? Escribe algunas.

   ______________________ ______________________

   ______________________ ______________________

ACTIVIDAD 1 ¿Qué sientes?

▶ Cuando miramos una pintura o leemos un poema, normalmente sentimos algo. Esto es porque todo tipo de arte provoca cierta reacción emocional en nosotros. ¿Qué reacción provocan en ti los siguientes estilos de arte? ¿Por qué?

MODELO: La poesía romántica me conmueve mucho porque es muy triste.

Las artes	**Las emociones**
la literatura antigua	conmover
la música de los 90	entristecer
la pintura surrealista	hacer pensar en
la poesía romántica	hacer soñar con
el teatro contemporáneo	poner alegre (pensativo/a, triste, ...)
	recordar

____

____

____

____

____

____

____

____

Nombre ______________________ Fecha ______________

ACTIVIDAD 2 **Más asociaciones**

▶ A casi todos nos gusta mirar las películas de dibujos animados, especialmente las clásicas. Aquí hay varios títulos de películas clásicas de dibujos animados y una lista de palabras. Empareja los títulos con las palabras que tú asocias con ellos, y escribe una oración lógica sobre cada de tus asociaciones. **¡Ojo!** Muchas veces hay más de una asociación posible.

MODELO: *El rey león*: Zimba →
Zimba es el personaje principal de la película *El rey león*.

Títulos	**Palabras**
Aladino y la lámpara maravillosa	la casita
La bella durmiente	la envidia
Blancanieves	el genio
La cenicienta	la madrastra
Merlín (de *El rey Arturo*)	el mago
Los tres cochinitos y el lobo feroz	la princesa

____

____

____

____

____

____

____

____

CON TUS PROPIAS PALABRAS

VOCABULARIO ÚTIL

lanzar	*to launch*
toque	*touch, bit*
vencer	*to defeat, vanquish*

▶ **El escritor / La escritora del siglo.** Imagínate que la revista *Cuéntamelo a mí* te ha pedido escribir un cuento corto, sobre algo real o ficticio, porque ellos quieren lanzarte como el escritor / la escritora del año. Tienes que describirles a los editores de la revista cómo será tu cuento: los personajes, el lugar, la acción (la trama) y la conclusión. Y claro, para que el cuento sea exitoso, tienes que añadirle un toque de *realismo mágico*.

Paso 1. Primero, usa el esquema y las preguntas a continuación como guía para organizar tus ideas. Inventa otras categorías si es necesario.

Título del cuento

Los personajes

1. ¿Cuántos hay?
2. ¿Cómo se llaman?
3. ¿Cómo son físicamente? ¿y de personalidad?

El lugar

1. ¿Dónde empieza el cuento?
2. ¿Cómo es el lugar?
3. ¿Qué hacen allí los personajes?
4. ¿Dónde termina el cuento?

La acción (la trama)

1. ¿Qué hacen los personajes?
2. ¿Por qué lo hacen?
3. ¿A quién(es) dañan o benefician con sus acciones?

Nombre ______________________ Fecha ______________

La conclusión

1. ¿Cómo termina el cuento?
2. ¿Quién vence a quién?
3. ¿Cuál predomina, el bien o el mal?

Paso 2. Ahora, escribe tu composición. Empieza por decir cuál es el título. Después, describe a los personajes y la localidad en que tiene lugar el cuento. Luego, escribe brevemente la trama. Y finalmente, escribe todo lo que puedes sobre la conclusión de tu cuento. **¡Ojo!** No te olvides de añadirle un elemento de realismo mágico a tu cuento.

Nombre ______________________ Fecha ______________

PASAPORTE CULTURAL 8

Colombia y Venezuela

▶ Para hacer estas actividades, consulta el Pasaporte cultural 8 en las páginas 441–444 de tu libro.

ACTIVIDAD 1 ¿Cuánto sabes de Colombia y Venezuela?

▶ Escribe la opción correcta en el espacio.

1. La catarata Salto Ángel es ____ veces más alta que las cataratas del Niágara.
   a. 1,6 c. 160
   b. 16 d. 1.600

2. Colombia es célebre por su producción de ____.
   a. perlas c. esmeraldas
   b. rubíes d. oro

3. ____ ¿Cuál de los siguientes países fue, hasta 1970, el mayor exportador mundial de petróleo?
   a. Venezuela c. México
   b. Colombia d. Irán

4. ____ Este país sudamericano tiene costas en el océano Atlántico y en el océano Pacífico.
   a. el Brasil c. Venezuela
   b. Colombia d. el Ecuador

5. ____ ¿Dónde hay el mayor número de especies de pájaros?
   a. en Norteamérica c. en Venezuela
   b. en Europa d. en Norteamérica y Europa juntas

6. ____ ¿En cuál de los siguientes países se habla por lo menos dos idiomas distintos?
   a. en Venezuela c. ni *a* ni *b*
   b. en Colombia d. *a* y *b*

ACTIVIDAD 2 Hechos interesantes

▶ Indica si las siguientes oraciones son ciertas (C) o falsas (F).

1. ____ En cada tepui viven plantas y animales únicos en el mundo.
2. ____ El carnaval de Barranquilla tiene lugar en Venezuela.
3. ____ El pico Roraima está situado en la frontera entre Venezuela y Colombia.
4. ____ Los venezolanos no le tienen ningún respeto a Simón Bolívar.
5. ____ Los tepuis están en lugares aislados rodeados de acantilados.
6. ____ El carnaval de Barranquilla se ha celebrado por más de cien años y al final de cada carnaval hay un entierro.
7. ____ Colombia y Venezuela no participaron en la lucha por la independencia latinoamericana.

ACTIVIDAD DE REPASO Los datos esenciales

▶ Repasa las secciones de Datos esenciales de los Pasaportes culturales sobre los hispanos en los Estados Unidos y Colombia y Venezuela. Luego escribe la opción correcta en el espacio.

1. El bolívar es la moneda nacional de ____.
   a. Bolivia
   b. Colombia
   c. Venezuela
   d. Cuba

2. ____ Los cubanos forman el ____ por ciento de la población hispana en los Estados Unidos.
   a. 5
   b. 15
   c. 25
   d. 50

3. En ____ se habla español y chibcha.
   a. Colombia
   b. Venezuela
   c. el Perú
   d. Bolivia

Nombre ______________________ Fecha ______________

▶ Para hacer estas actividades, consulta el Clásico ilustrado 4 en las páginas 445–448 de tu libro.

ACTIVIDAD 1 ¿Qué pasó?

▶ Escribe la palabra o expresión que falta para resumir lo que pasó en *Doña Bárbara*.

1. Santos Luzardo vuelve de Caracas, donde estaba ________________.
2. El capitán del bongo le dice a Santos que tenga ________________ porque doña Bárbara es una mujer peligrosa.
3. Ella es la dueña de la finca ________________ y es la causa de la ________________ de la finca de Santos.
4. Balbino ha traicionado a Santos y Santos decide ________________.
5. Balbino le da a Santos un caballo salvaje porque quiere ________________ a Santos frente a todos.
6. Un día cuando va por el río, Santos conoce a Marisela, que es la ________________ de Lorenzo.
7. Doña Bárbara ha movido el ________________ entre Altamira y El Miedo y gran parte del ________________ de Altamira está ahora en El Miedo.
8. Los campesinos de Altamira celebran con una ________________ el ________________ de Santos de mejorar la situación.

9. Aunque Santos y Marisela se aman, ella cree que sus relaciones son imposibles porque ella es la ________________ de doña Bárbara.

10. Santos y Marisela deciden ________________ aunque doña Bárbara se oponga.

11. Al irse doña Bárbara, la barbarie desapareció de ________________.

ACTIVIDAD 2 La civilización y la barbarie

▶ El concepto de la civilización frente a la barbarie es un tema común en la literatura de Latinoamérica de las primeras décadas del siglo XX. Claro que doña Bárbara (barbarie) y Santos Luzardo (luz = civilización) representan estas dos fuerzas, pero también hay otros elementos que refuerzan la idea de este conflicto. Escribe una lista de algunos elementos simbólicos de cada lado.

Civilización	Barbarie
Altamira	El Miedo

ACTIVIDAD 3 Los ideales cambian

▶ En la época de doña Bárbara, una de las ideas del progreso consistía en domar las regiones salvajes y usarlas para el bien de los seres humanos. ¿Ha cambiado esta idea, por ejemplo, en el caso de la selva amazónica? En una hoja de papel aparte, escribe un breve ensayo explicando cómo las cosas han cambiado (o cómo no han cambiado) y por qué.